# ¡HOLA!

En Minecraft puedes construir cualquier cosa que imagines y este libro está lleno de ideas alucinantes para ayudarte a comenzar. Encontrarás consejos para diseñar, construir y personalizar cientos de miniproyectos y te ayudará a ver los bloques de forma todavía más creativa. Solo tienes que colocar el libro junto a tu pantalla, abrirlo en una página que te inspire... ¡y ponerte a crear!

## CÓMO COLOCAR BIEN EL LIBRO

**1. VOLTEA LA PORTADA**

•

**2. INTRODUCE LA PRESILLA EN EL AGUJERO**

•

**3. COLOCA EL LIBRO EN UNA SUPERFICIE PLANA... ¡Y DESCUBRE UNA IDEA NUEVA CADA DÍA!**

# CONSEJOS DE SEGURIDAD EN INTERNET

Esto es importante: sigue estos consejos siempre que juegues a cualquier juego, veas videos o hables con alguien en línea.

- **Nunca** des información personal como tu nombre real, edad, número de teléfono o dirección.

- Utiliza **siempre** un seudónimo al publicar contenido o hablar con otras personas en línea (y comprueba que no contiene tu nombre real o información personal).

- **Nunca** le digas a nadie el nombre de tu escuela ni dónde está.

- **Nunca** compartas tu contraseña o información de inicio de sesión con nadie que no sean tus padres o tu tutor legal.

- **Nunca** envíes fotos tuyas a nadie.

- Asegúrate **siempre** de que tus padres o tutores legales te den permiso para crear cuentas en páginas de internet (en muchas, tienes que tener 13 años o más para crear una cuenta).

- Cuéntale **siempre** a un adulto en el que confíes si te pasa algo en internet que te preocupe o te incomode.

# CONSEJOS RÁPIDOS

¡Para que tus construcciones sean sobresalientes!

### ELIGE EL MODO DE JUEGO
El modo Creativo es perfecto para construir. Te permite volar, no puedes morir y te otorga acceso a todos los bloques. Si quieres un desafío mayor, prueba el modo Supervivencia. Tendrás que fabricarte las herramientas, buscar recursos y tener cuidado con las criaturas hostiles.

### BUSCA INSPIRACIÓN
En este libro hay 150 construcciones alucinantes, pero puedes encontrar inspiración en cualquier parte. ¿Por qué no haces a tu perro o construyes la habitación de tus sueños? ¡Dale rienda suelta a tu imaginación!

### SELECCIONA LOS BLOQUES
En el modo Creativo, puedes abrir el menú de fabricación, darle al ícono de la lupa y escribir el nombre del bloque que quieras usar. En este libro te damos un montón de ideas para elegir bloques.

### DISEÑA TU ESTANDARTE
Para diseñar tu propio estandarte, primero tienes que colocar un telar en el suelo. Elige el tipo de estandarte que quieras y prueba con distintos tintes para ver qué resultado te gusta más. Hay muchas combinaciones posibles.

### DÓNDE CONSTRUIR
Antes de empezar a colocar bloques, asegúrate de que has encontrado un sitio en el que quieras construir. Elige un bioma que te guste mucho y asegúrate de que tienes el espacio suficiente para tu obra maestra.

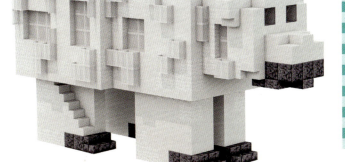

Usa botones de roble para hacer los orificios nasales.

# A OTRO NIVEL

¿No te parece que esta llama está un poquito sola? ¿Por qué no construyes una estatua de un mercader ambulante a su lado? Como las estatuas no deambulan por ahí, será el acompañante perfecto para nuestra amiga la llama.

Los tablones de bambú son perfectos para imitar el pelaje de la llama.

Decórala con estandartes amarillos, morados y rojos. También puedes probar otros colores.

Puedes hacer las patas con bloques de bambú sin corteza. Tendrás un resultado espectacular.

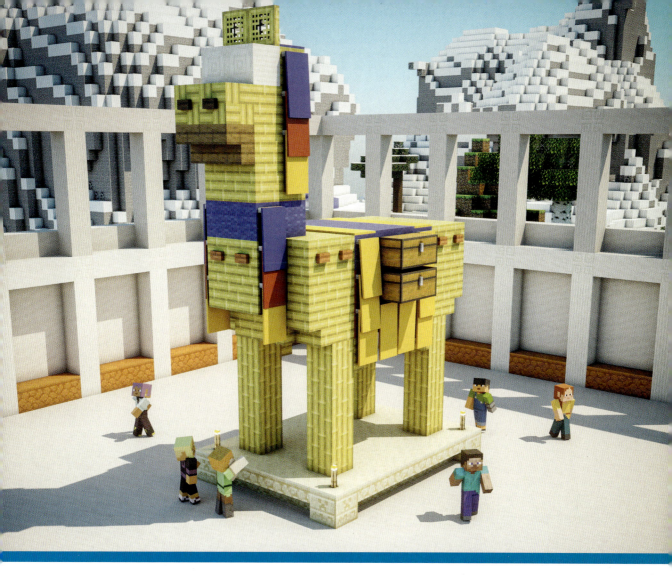

# ESTATUA DE UNA LLAMA

Esta impresionante estatua de una llama viene con cofres para que puedas guardar en ellos tus objetos favoritos. ¡Por fin, una llama a la que puedes admirar sin riesgo de que te escupa! A no ser que le construyas una fuente en la boca...

## CONSEJO

Puedes hacer tus piscinas todo lo profundas que quieras, o incluso conectarlas con el mar. Pero asegúrate de no abrir un acceso a una mina, ¡o se te irá toda el agua!

Construye una rosquilla con glaseado de alfombra magenta como flotador.

Usa una escalera de inframundo y una losa de ladrillo de inframundo para crear un elemento sencillo donde tumbarte.

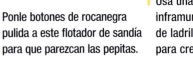

Ponle botones de rocanegra pulida a este flotador de sandía para que parezcan las pepitas.

Crea un bonito patrón con camas de colores.

**SOMBRILLA**

Una escotilla de acacia es el pico perfecto.

Genera un patrón de cuadros con dos colores que contrasten.

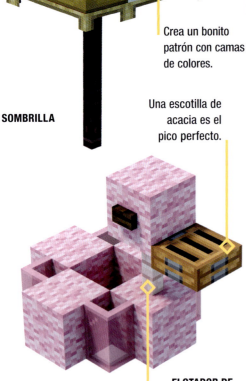

Coloca una valla de cerezo debajo de un bloque de lana rosa para el cuello del flamenco.

**FLOTADOR DE FLAMENCO**

**VISTA AÉREA**

# FIESTA EN LA PISCINA

Mejor evitar las fiestas en las playas de Minecraft, ¡el mar está lleno de ahogados! ¿Por qué no montas este paraíso piscinero en su lugar? Es el sitio perfecto para pasar el verano con tus amigos. ¡Así que tírate a la piscina y elige un flotador!

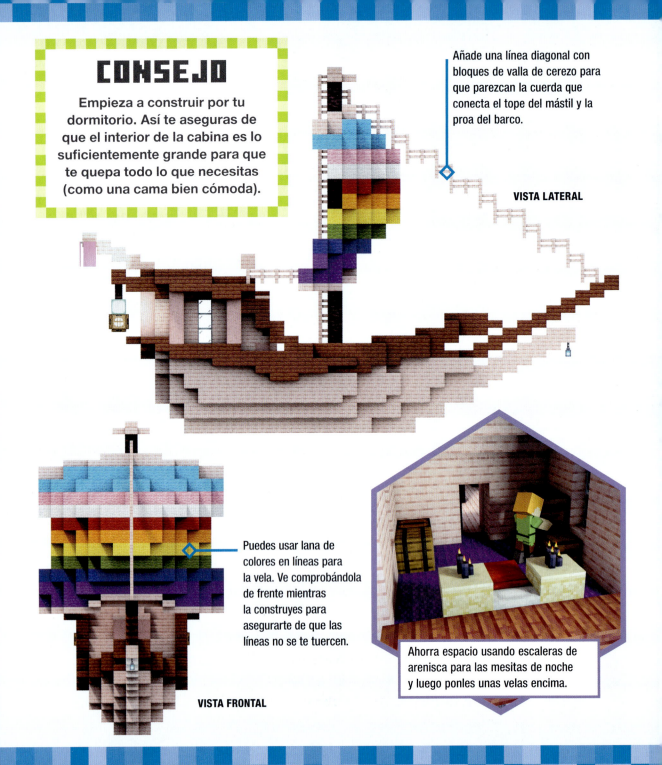

# BARCO DE VELA

¡Ha llegado el momento de sacar el catalejo, grumetes de la construcción! Alegra los mares de Minecraft haciendo zarpar un navío con una vela arcoíris. Construye tu precioso barco con tablones de cerezo y haz de tu cabina un lugar colorido. ¡Luego invita al resto de la tripulación a subir a bordo!

## CONSEJO

El truco para construir estructuras altas como esta es empezar por la base e ir capa por capa. Así no tendrás que estar todo el rato subiendo y bajando.

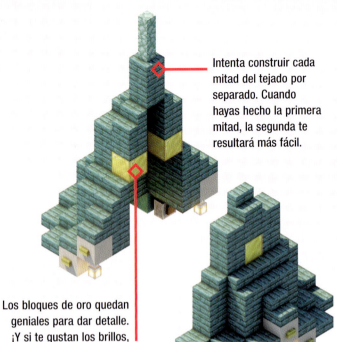

Intenta construir cada mitad del tejado por separado. Cuando hayas hecho la primera mitad, la segunda te resultará más fácil.

Los bloques de oro quedan geniales para dar detalle. ¡Y si te gustan los brillos, puedes poner más!

Pon paredes de prismarina alrededor de la entrada. El verde azulado le da un toque misterioso.

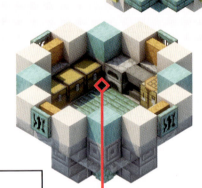

Coloca en el interior una mesa de trabajo, un horno, cofres y todo lo que un mago necesite. ¡No te olvides del soporte para pociones para elaborar tus bebidas mágicas!

## PRUEBA CON ESTOS

**LADRILLOS DE PIEDRA**

**ESCALERAS DE LADRILLOS DE PIEDRA**

**ESCALERAS DEFORMADAS**

**LADRILLOS DE PIEDRA CINCELADOS**

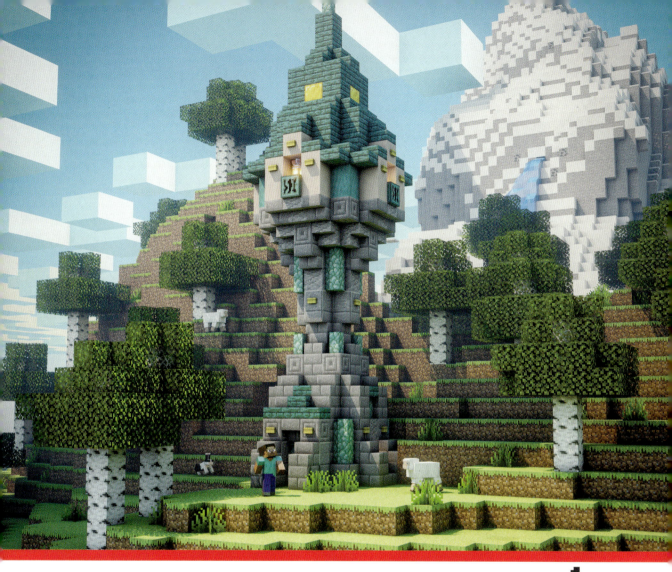

# TORRE DE HECHICERÍA

¿Viene un mago o una bruja a visitarte? ¡Pues constrúyele una torre para que no te convierta en sapo! Por suerte, para construir esta magnífica estructura no necesitas poderes mágicos sino solo un poco de práctica en Minecraft.

## DALE OTRO TOQUE

**OBSIDIANA**

**LADRILLO DE INFRAMUNDO**

**LANA ROSA**

Coloca pararrayos alrededor de un bloque de cobre encerado, para que parezca una manivela de cierre.

Amontona bloques de oro y usa marcos para los lingotes. ¡Menudo tesoro!

Crea lámparas de techo realistas con palancas y varas de End.

Consigue que tus paredes parezcan acorazadas construyéndolas con cajas de Shulker grises.

Pon una capa de bloques de cristal tintado gris encima de un suelo de linternas del mar.

# CÁMARA ACORAZADA

Toda precaución es poca a la hora de guardar objetos de valor en Minecraft. Construye una cámara acorazada para que ningún ladronzuelo se atreva a llevarse lo que no es suyo.

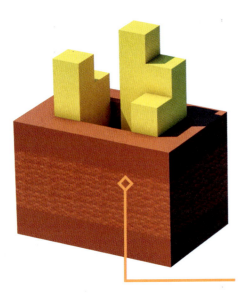

## A OTRO NIVEL

¡Es la hora del sabor! ¿Por qué conformarse solo con mostaza? Usa losas de ladrillo de inframundo rojo para simular el kétchup o losas de cuarzo para imitar la mayonesa. ¿Qué me dices de unas rodajas de tomate? Fácil: hormigón rojo.

Crea una caja con hormigón rojo y lana roja. Luego, haz las patatas fritas con hormigón amarillo.

Mostaza de losas de arenisca. Qué... ¿rico?

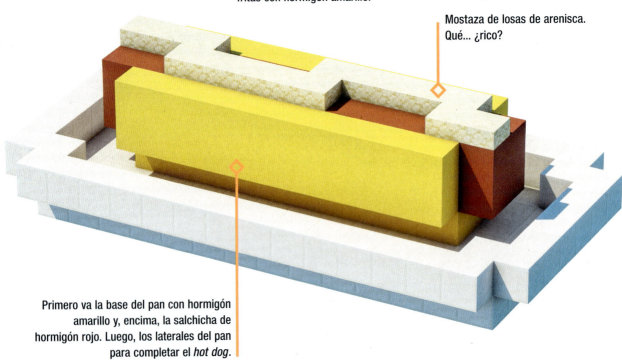

Primero va la base del pan con hormigón amarillo y, encima, la salchicha de hormigón rojo. Luego, los laterales del pan para completar el *hot dog*.

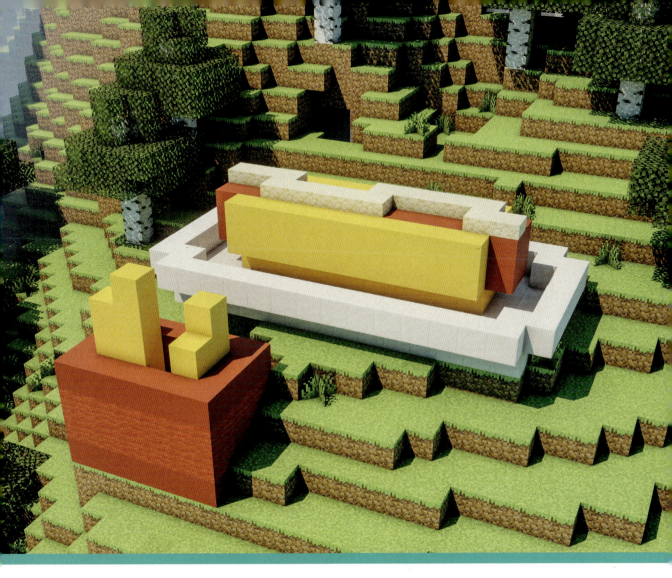

# HOT DOG CON PATATAS

¡Ding, ding! ¿Alguien ha pedido una construcción rápida con diversión como guarnición? ¡Pues nada mejor que este *hot dog* gigante con patatas fritas! Eso sí, no lo construyas si tienes hambre, ¡porque al terminarlo te rugirán las tripas!

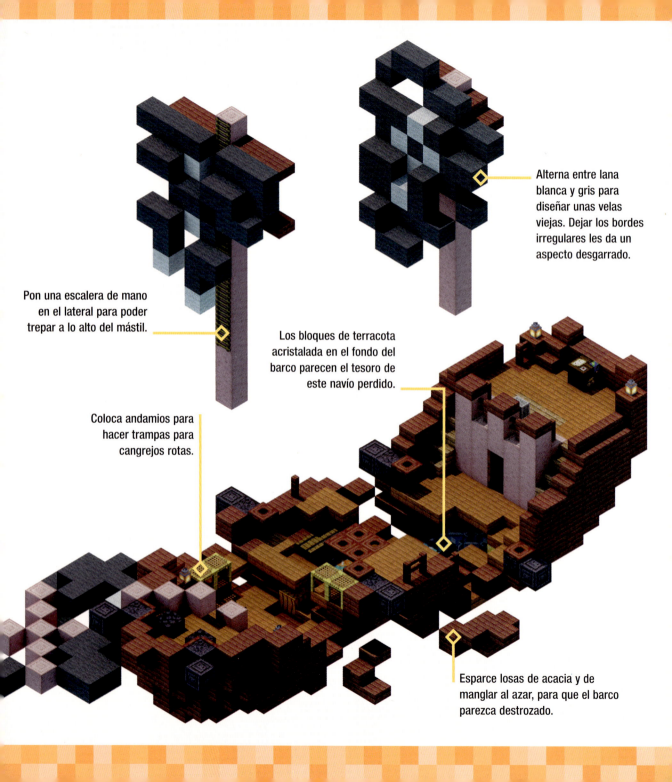

Alterna entre lana blanca y gris para diseñar unas velas viejas. Dejar los bordes irregulares les da un aspecto desgarrado.

Pon una escalera de mano en el lateral para poder trepar a lo alto del mástil.

Los bloques de terracota acristalada en el fondo del barco parecen el tesoro de este navío perdido.

Coloca andamios para hacer trampas para cangrejos rotas.

Esparce losas de acacia y de manglar al azar, para que el barco parezca destrozado.

# NAUFRAGIO PIRATA

¡Parece que estos desdichados piratas no sabían navegar en Minecraft! Sumérgete en las profundidades, saca los bloques de madera y construye un barco hundido que cuente la historia de su peligrosa travesía. ¡No olvides esconder el tesoro!

Construye los pilares con bloques de aspecto natural, como el bambú.

Pon alguna que otra flor de espora. Irán soltando partículas verdes.

## PRUEBA CON ESTOS

**LOSA DE ROBLE OSCURO**

**VELA ROSA**

**CALDERO**

Coloca bloques de hierba para que crezcan pétalos rosas.

Estos bloques parecen troncos, ¡pero son nidos de abejas!

# SALÓN EXUBERANTE

Tráete la naturaleza a casa para disfrutar del verde sin moverte del sofá. ¡Planazo! Solo tienes que buscar tus plantas favoritas de Minecraft y podrás convertir tu casa en un jardín. ¡Pero no te olvides de regar!

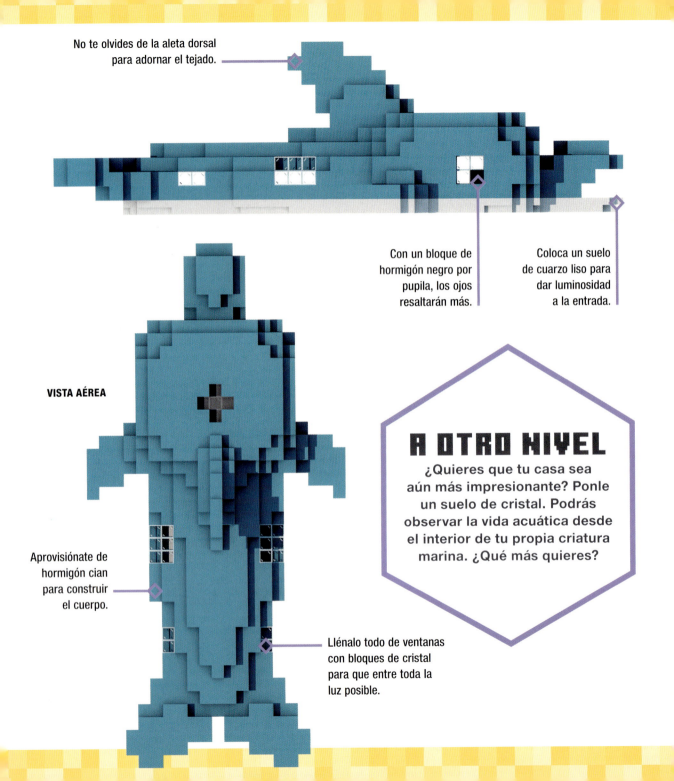

## CASA DELFÍN

Nada como una divertida casita con forma de delfín para disfrutar de la vida en la costa. Ve nadando hasta la boca para entrar, tírate en bomba desde las aletas o broncéate en el espiráculo.

Coloca bloques de lana gris en forma escalonada para la cañita. Puedes alternar colores de lana diferentes si quieres que tenga rayas.

## CONSEJO

La base de cada vaso usa ocho bloques de cristal tintado. Empieza por esos bloques y ve construyendo gradualmente el resto a partir de ahí. ¡Al final te quedará esta bebida con tan buena pinta!

Usa cristal tintado blanco para el exterior. Lo que te interesa es que se vea lo que hay dentro.

Las perlas del té pueden ser de muchos colores diferentes. Solo tienes que asegurarte de que sean de un color que destaque con el de la bebida.

## DALE OTRO TOQUE

**POLVO DE HORMIGÓN AMARILLO**

**BLOQUE DE AMATISTA**

**HIELO AZUL**

# TÉ DE PERLAS

Construir da sed, ¡sobre todo con esta selección de deliciosos tés de perlas! Seguro que se te antoja ir por uno en la vida real mientras construyes este proyecto. Te lo advertimos...

Las piedras de afilar con cadenas largas parecen poleas.

Que las ventanas sean altas y estrechas para que combinen con los edificios.

Pon la calle unos cuantos bloques por debajo de la acera para que las casas parezcan todavía más altas.

Coloca bloques luminosos detrás de las ventanas para dar a las casas un toque acogedor.

## PRUEBA CON ESTOS

**LOSA DE CUARZO LISO**

**LADRILLOS DE BARRO**

**ESCOTILLA DE ABEDUL**

**PIZARRA ABISMAL EMPEDRADA**

# CASAS ADOSADAS

Dale a tu aldea de Minecraft un estilo diferente con esta impresionante calle llena de casas adosadas altas y coloridas. Usa bloques de distintos tipo para darle a cada casa un toque único. Solo falta elegir con cuál te quedas.

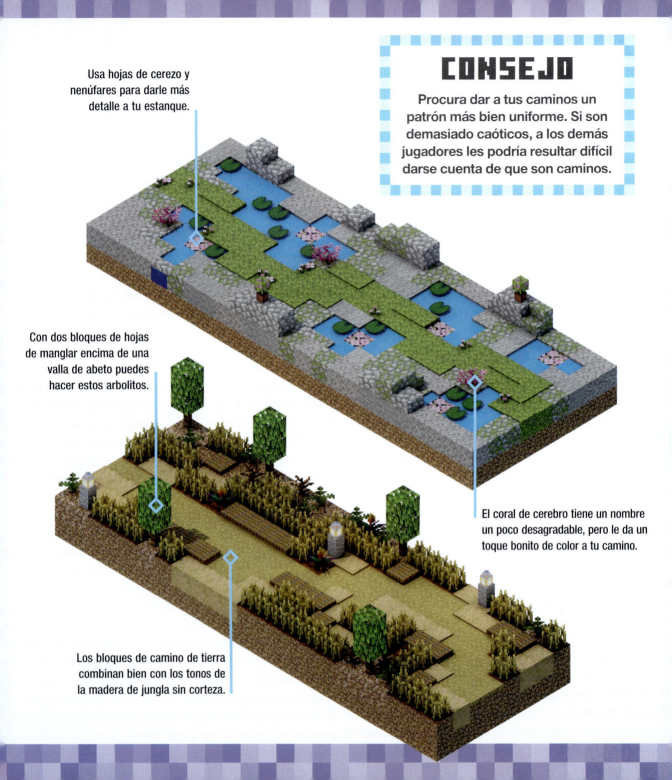

Usa hojas de cerezo y nenúfares para darle más detalle a tu estanque.

# CONSEJO

Procura dar a tus caminos un patrón más bien uniforme. Si son demasiado caóticos, a los demás jugadores les podría resultar difícil darse cuenta de que son caminos.

Con dos bloques de hojas de manglar encima de una valla de abeto puedes hacer estos arbolitos.

El coral de cerebro tiene un nombre un poco desagradable, pero le da un toque bonito de color a tu camino.

Los bloques de camino de tierra combinan bien con los tonos de la madera de jungla sin corteza.

# CAMINOS BONITOS

¿Quieres dar un paseo por un campo de trigo? ¿O tal vez prefieres caminar, feliz, junto a varios estanques? Dales a tus pies el placer de caminar cómodamente construyendo caminos y senderos.

## CONSEJO

El miedo que dé esta cueva dependerá sobre todo de los ojos. Experimenta con expresiones y formas distintas si quieres que la cueva te dé una bienvenida más calurosa.

La cueva está hecha casi por completo de piedra, pero puedes probar con otros bloques. ¿Qué tal suena una cueva de lana blandita?

Dale una mirada aterradora utilizando obsidiana llorosa para el blanco de los ojos.

En lugar de construir la cueva de cero, busca una montaña y quita bloques para hacer la entrada.

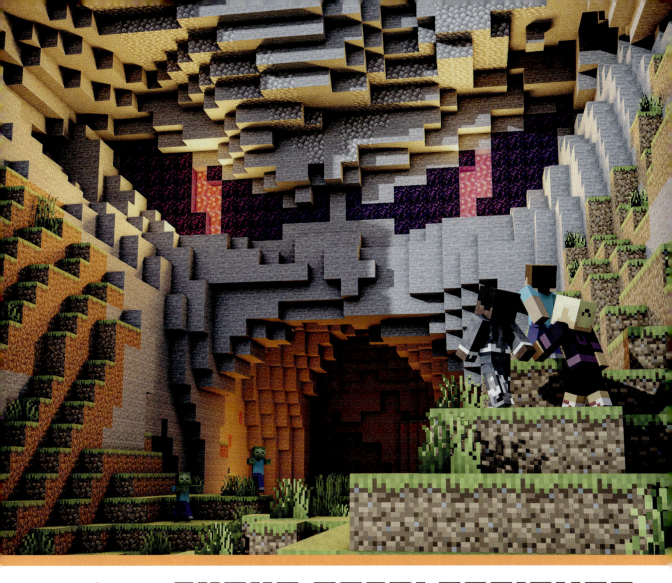

# CUEVA ESCALOFRIANTE

Seguro que en más que una ocasión te has quedado mirando la boca de una cueva, pero ¿alguna vez te ha devuelto la mirada? Esta grieta fantasmagórica dejará impávidos solo a los aventureros más valientes. ¡Constrúyela y a ver quién se atreve a entrar!

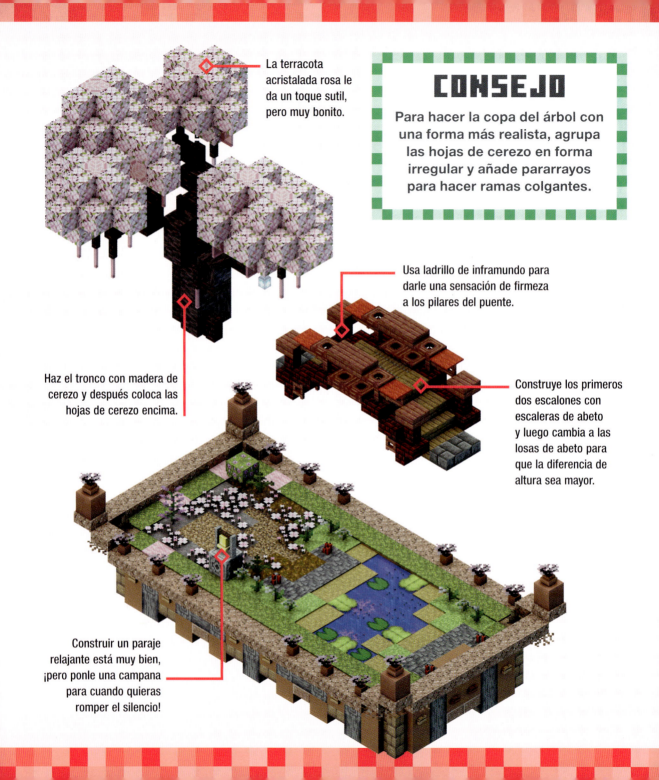

La terracota acristalada rosa le da un toque sutil, pero muy bonito.

## CONSEJO

Para hacer la copa del árbol con una forma más realista, agrupa las hojas de cerezo en forma irregular y añade pararrayos para hacer ramas colgantes.

Usa ladrillo de inframundo para darle una sensación de firmeza a los pilares del puente.

Haz el tronco con madera de cerezo y después coloca las hojas de cerezo encima.

Construye los primeros dos escalones con escaleras de abeto y luego cambia a las losas de abeto para que la diferencia de altura sea mayor.

Construir un paraje relajante está muy bien, ¡pero ponle una campana para cuando quieras romper el silencio!

# ESCONDITE TRANQUILO

¿Necesitas darte un descanso de tanto esquivar monstruos y huir de fantasmas? Lo que necesitas es un lugar de retiro tranquilo. Relájate en este precioso jardín en el que las flores de cerezo se mecen en el aire. No le digas a nadie dónde está si no quieres que te molesten.

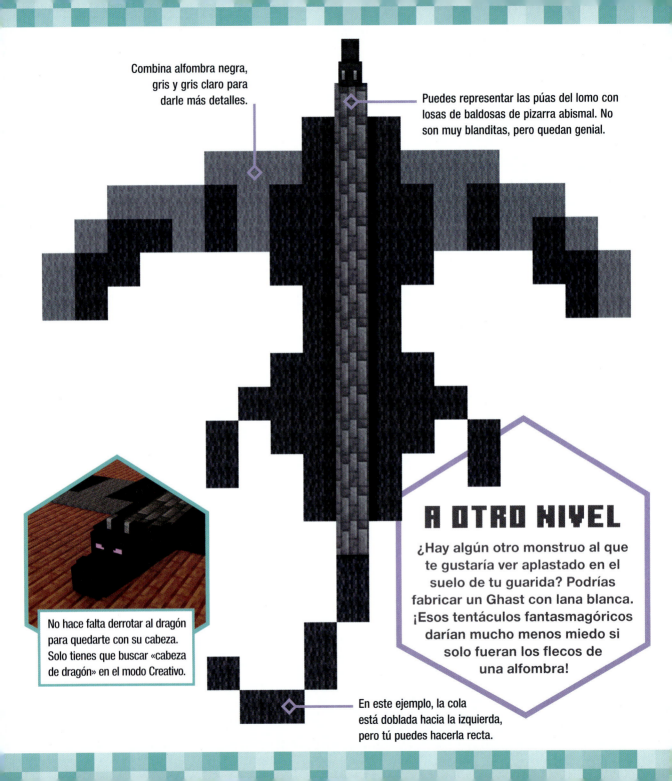

# ALFOMBRA DE DRAGÓN

15

Pisotear al dragón de End es la idea más loca y peligrosa que se te podría ocurrir. Por suerte, a esta alfombra no le importa si pisas, saltas o bailas encima de ella... ¡Pero no te tropieces con la cabeza!

## PRUEBA CON ESTOS

**CUARZO LISO**

**DIORITA PULIDA**

**ARENISCA ROJA LISA**

El timón puedes hacerlo con un marco colocado sobre un pararrayos.

Usa diorita pulida para las alas del cisne. Se destacarán del cuerpo de cuarzo liso.

Fabrica una silla con losas y escotillas de abeto.

Coloca una losa de rocanegra pulida encima de la arenisca roja lisa para formar el pico.

No te olvides de las escaleras de mano para que todo el mundo pueda subir a bordo.

# BARCA CISNE

¿Quién dice que todas las embarcaciones deben tener velas y la misma forma? Esta barca es un precioso cisne. Sube a bordo de esta majestuosa ave y verás que no hay forma más espléndida de disfrutar de las aguas de Minecraft.

Construye una valla alrededor de la cancha de baloncesto con hileras de pared de baldosas de pizarra abismal y losas de baldosas de pizarra abismal.

Para las canastas, utiliza escotillas de acacia con telarañas para la red.

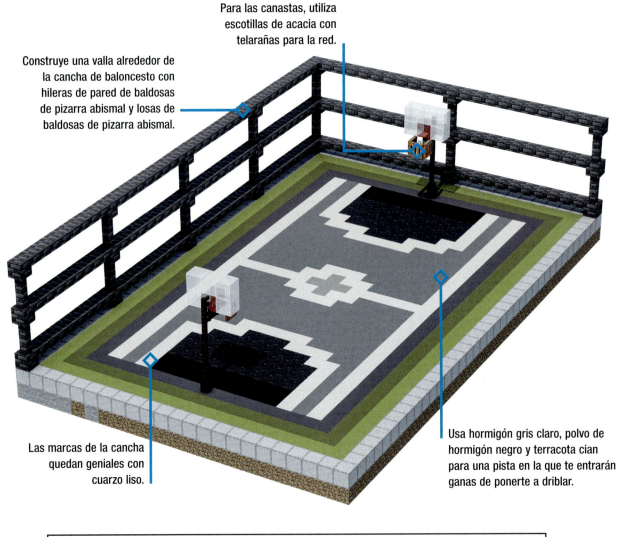

Las marcas de la cancha quedan geniales con cuarzo liso.

Usa hormigón gris claro, polvo de hormigón negro y terracota cian para una pista en la que te entrarán ganas de ponerte a driblar.

## DALE OTRO TOQUE

| POLVO DE HORMIGÓN NARANJA | MADERA DE ROBLE SIN CORTEZA | TABLONES DE ACACIA | CAJA DE SHULKER NARANJA | TERRACOTA ACRISTALADA NARANJA |

# CANCHA DE BALONCESTO

¿Rebotarán las pelotas cúbicas? ¡Tendrás que probarlo en esta cancha de baloncesto construida con todo lujo de detalle! Márcate un triple en construcción y deja alucinados a todos los fans de los deportes.

Crea una escalera de caracol colocando losas de arenisca lisa alrededor de la columna central.

Cuando los pétalos de las hojas de cerezo caen, crean un ambiente mágico.

Diseña una alfombra lujosa con terracota acristalada amarilla.

Construye una planta superior para espacio adicional en el que relajarte.

## PRUEBA CON ESTOS

**POLVO DE HORMIGÓN AMARILLO**

**COLMENA**

**MACETA DECORADA**

**LOSA DE MANGLAR**

# BIBLIOTECA DE CUENTO

18

Érase una vez una biblioteca mágica que estaba repleta de libros fantásticos, sillones cómodos y pétalos rosas que caían formando espirales en el aire. Esta biblioteca te hechizará sin que haga falta que te ataque ninguna bruja.

Usa vallas deformadas para crear el abanico de plumas y escotillas de bambú para diseñar el patrón.

¡El ojo es un cofre de Ender colocado con maestría debajo de una escotilla de abedul!

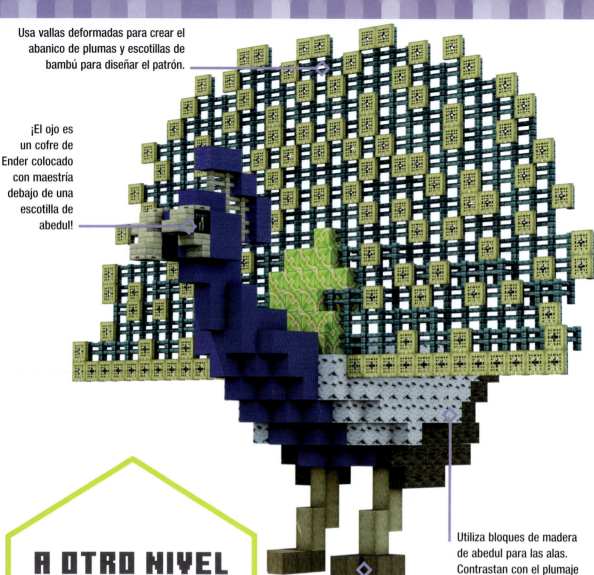

Utiliza bloques de madera de abedul para las alas. Contrastan con el plumaje colorido de la cola.

Empieza la construcción por las patas. Puedes usar madera de abeto sin corteza.

## A OTRO NIVEL

Juega con tus colores y bloques favoritos. La terracota acristalada aporta diseños intricados y los colores de la lana se pueden combinar de mil formas. ¿De qué colores maravillosos quieres hacer a tu pavo real?

## ESTATUA DE PAVO REAL

El pavo real es un ave con mucha clase que tiene motivos para presumir delante del resto de los animales. Tú también podrás pavonearte después de construir esta alucinante estatua en tu jardín. ¡No podrán quitarle el ojo de encima!

# A OTRO NIVEL

¿Quién dice que para construir una casita con forma de seta tengas que *usar setas*? Puedes usar miel, cristal o incluso lava para darle forma a tu fantástico hogar. Bueno... lava mejor no.

¿Bloques de champiñón rojo para el tejado? ¡Pues claro que sí!

Oculta una fogata con escotillas de abeto para que salga humo de la chimenea.

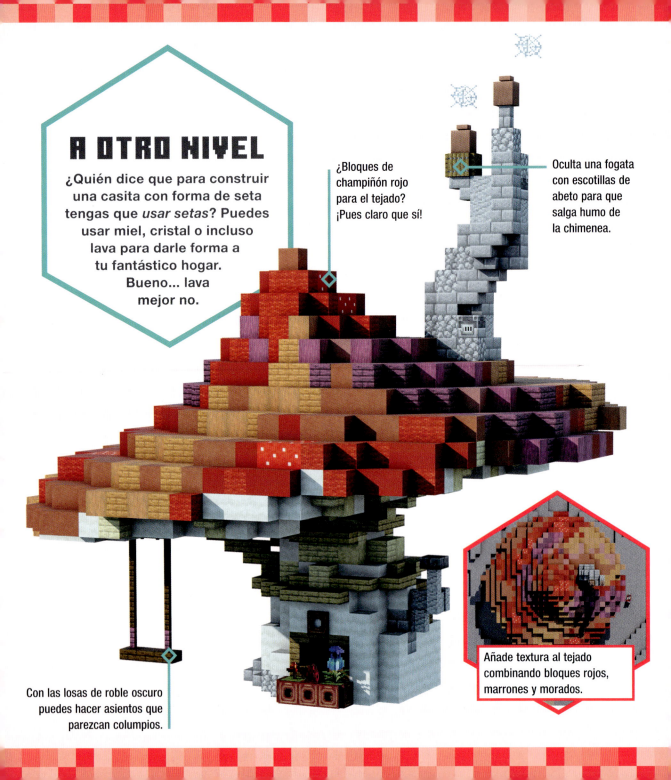

Añade textura al tejado combinando bloques rojos, marrones y morados.

Con las losas de roble oscuro puedes hacer asientos que parezcan columpios.

## CASA SETA

Si lo que buscas es una casa que te resguarde bien de la lluvia, esta fabulosa seta gigante es la solución. Con un sombrero rojo y bien amplio, no te faltará espacio para refugiarte de la lluvia con tus amigos. ¡Y con las vacas seta, claro!

## CONSEJO

Para que el fósil parezca hecho de huesos petrificados, evita los contornos suaves. Coloca los bloques de manera irregular y haz los bordes serrados.

Usa losas, paredes y escaleras de arenisca. Tienen la textura perfecta para parecer huesos prehistóricos agrietados.

¡Te van a hacer falta un montón de bloques de hueso para completar esta construcción!

Combina tablones, escaleras y escotillas de abedul para las piernas esqueléticas.

## DALE OTRO TOQUE

**OBSIDIANA LLOROSA**

**LADRILLO DE INFRAMUNDO ROJO**

**ESCALERAS DE INFRAMUNDO ROJAS**

**BLOQUE DE MAGMA**

# FÓSIL DE DINOSAURIO

¡AAAAAH! ¡Uf! Para ser un montón de huesos del Cretácico, este tiranosaurio da mucho miedo. ¡Pero no te amilanes! Con valor y un montón de bloques de hueso podrás construir este fantástico fósil. Con suerte, no te temblará el pulso mientras lo construyes.

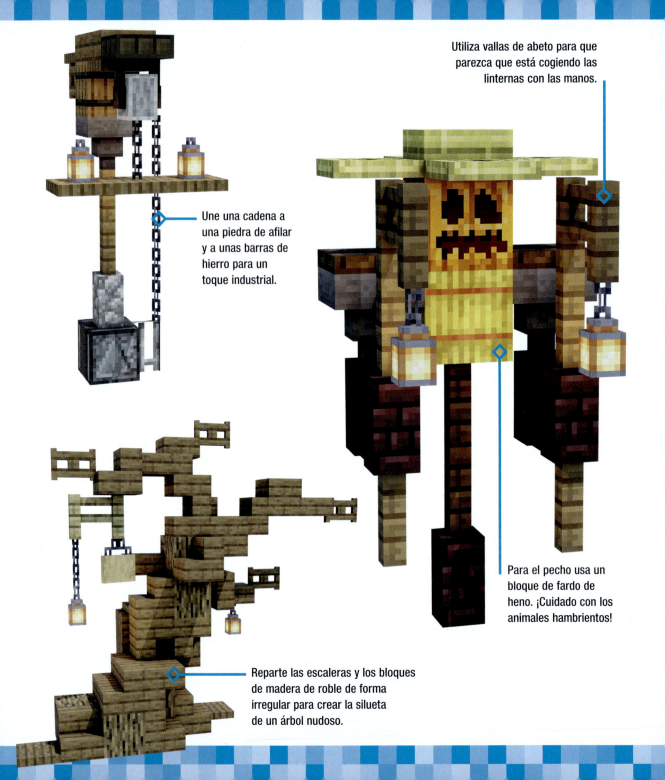

# FAROLAS FANTASMALES

**22**

¿De qué sirven los caminos si está demasiado oscuro para ver por dónde vas? Tanto si quieres iluminar un pueblo encantado como un sendero de tierra remoto, construir alguna de estas farolas es una idea brillante.

Haz las orejas de seis bloques de altura. Puedes alargarlas más si quieres que sea un conejito de la suerte.

Pon pararrayos al final de cadenas para simular los bigotes.

Con los tallos de champiñón conseguirás un tono de blanco más apagado.

Las vallas de cerezo parecerán unas garras afiladas. ¡Con este gato no hay quien se meta!

## DALE OTRO TOQUE

**BLOQUE DE COBRE**

**LOSA DE COBRE OXIDADO, CORTADO Y ENCERADO**

**BLOQUE DE REDSTONE**

**TERRACOTA ACRISTALADA MARRÓN**

## GATO DE LA SUERTE

Ni te molestes en construir un gato de la mala suerte. ¡Seguro que los Creepers lo harían saltar por los aires antes de que termines! Perfecto para los amantes de los mininos y las monedas.

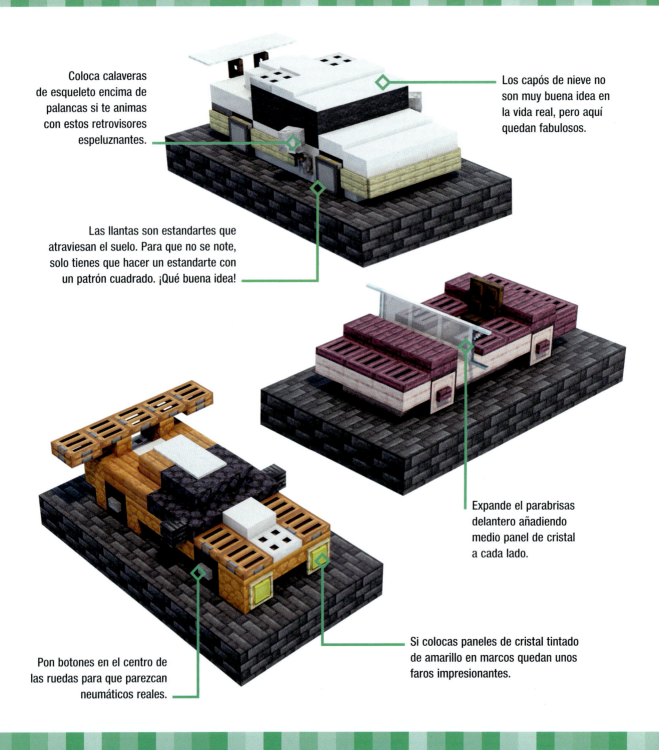

Coloca calaveras de esqueleto encima de palancas si te animas con estos retrovisores espeluznantes.

Los capós de nieve no son muy buena idea en la vida real, pero aquí quedan fabulosos.

Las llantas son estandartes que atraviesan el suelo. Para que no se note, solo tienes que hacer un estandarte con un patrón cuadrado. ¡Qué buena idea!

Expande el parabrisas delantero añadiendo medio panel de cristal a cada lado.

Si colocas paneles de cristal tintado de amarillo en marcos quedan unos faros impresionantes.

Pon botones en el centro de las ruedas para que parezcan neumáticos reales.

# COCHES GENIALES

No hace falta tener carné de conducir para fotografiarse junto a uno de estos supervehículos. Construye uno igual delante de tu casa y sé la envidia de todos los aldeanos. Si dicen «¡Mm!» es que te tienen envidia.

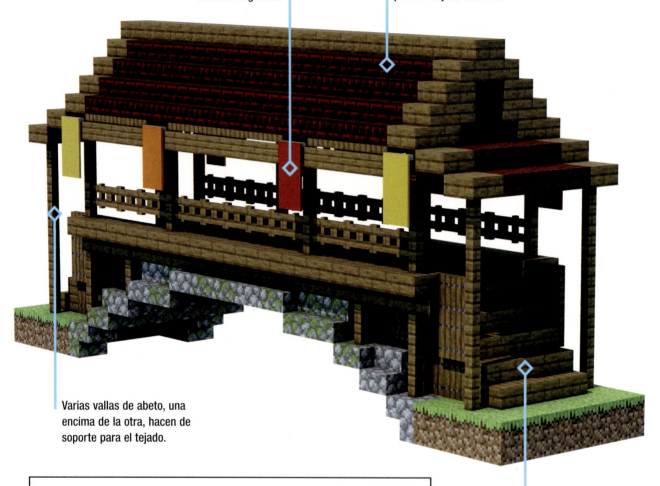

Cuelga estandartes del tejado. Crea tus propios diseños originales.

Mezcla escaleras de inframundo rojas y de abeto para un tejado colorido.

Varias vallas de abeto, una encima de la otra, hacen de soporte para el tejado.

Construye escaleras amplias de abeto a cada lado del puente.

## PRUEBA CON ESTOS

**ESCALERAS DE INFRAMUNDO ROJAS**

**ESCALERAS DE ABETO**

**ESCALERAS DE ADOQUINES MUSGOSOS**

**ESCOTILLA DE ABETO**

# PUENTE CON ESTANDARTE

¿Te gustaría cruzar el río sin mojarte? Este puente evitará que se te llenen los zapatos de agua. Decóralo con estandartes de colores llamativos o con tus propios diseños para hacerlo más especial.

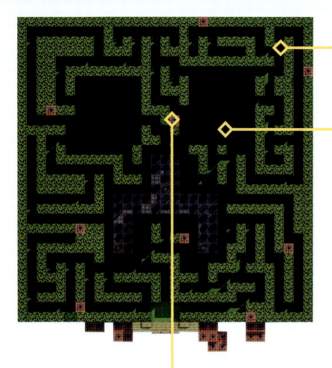

Queremos que el laberinto sea superdifícil de explorar, así que haz el camino de un solo bloque de ancho.

Construye primero los rasgos del Creeper y luego construye el laberinto alrededor.

Colgar estandartes en el dintel hará que la entrada sea más impresionante.

Coloca bloques de dinamita a bastante altura para ayudar a los jugadores a guiarse.

Llena los cofres con recompensas para quienes consigan resolver el laberinto primero. ¿O con carne podrida y bloques de tierra? ¡Je, je!

# CONSEJO

Vuela mientras construyes el laberinto para ver bien lo que estás haciendo y evitar posibles errores.

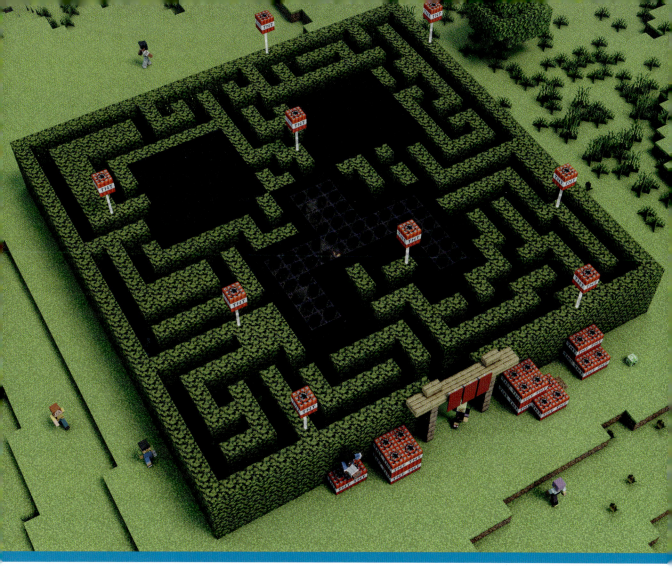

# LABERINTO CREEPER

¿Qué puede haber peor que quedarse atrapado en una mazmorra con un Creeper? ¡Que la mazmorra parezca un Creeper y esté llena de dinamita a punto de estallar! Construye este caótico desafío y reta a otros jugadores a superarlo.

Las placas o platos de presión por peso pesado van muy bien para los mantelitos. ¿Qué hay de postre?

**LÁMPARA DE ARAÑA**

Usa placas de presión de piedra en la parte superior de la lámpara.

Para iluminarlo todo bien, coloca varas de End al revés.

Fabrica sillas con señales de abedul para los apoyabrazos y una escotilla de abedul para el respaldo.

Crea relieve colocando alfombra amarilla junto a bloques de lana amarilla.

## SALA DE BANQUETES

¡Dale un festín a tu sentido de la vista con esta construcción! Una vez que tus invitados hayan cenado bajo la luz de estas lujosas lámparas, no querrán hacerlo en ningún otro lugar. A no ser que les sirvas carne podrida. ¡Puaj!

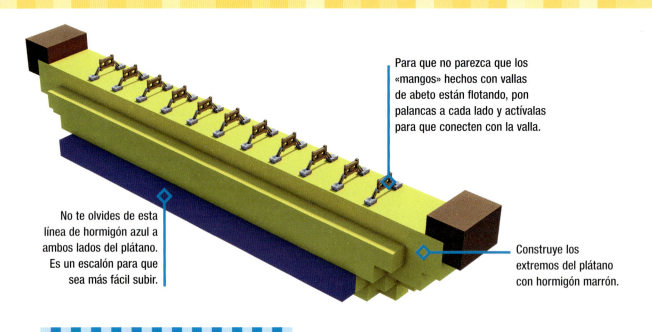

Para que no parezca que los «mangos» hechos con vallas de abeto están flotando, pon palancas a cada lado y actívalas para que conecten con la valla.

No te olvides de esta línea de hormigón azul a ambos lados del plátano. Es un escalón para que sea más fácil subir.

Construye los extremos del plátano con hormigón marrón.

## CONSEJO

Construye una lancha de motor delante del plátano. ¡Únelos con vallas de abedul para que parezca que la lancha está remolcando el plátano!

Usa cuarzo liso para el exterior. ¿Flotaría en la vida real? Pues no, pero ¿y lo bien que queda en Minecraft?

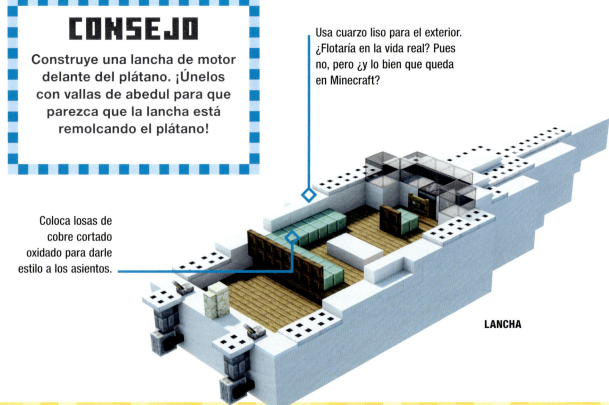

Coloca losas de cobre cortado oxidado para darle estilo a los asientos.

**LANCHA**

# PLÁTANO CANOA

¿Qué tienen en común un plátano y una canoa? La forma. ¡Y ahora también que este plátano surca las aguas! Pero cuidadín por dónde pisas al subir, ¡no vayas a pisar la cáscara y a caer de cabeza al agua!

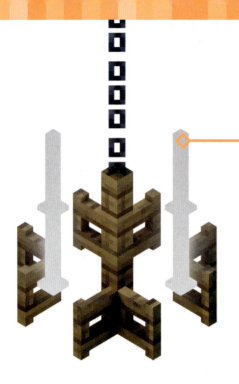

Usar varas de End hará que este candelabro brille de verdad.

Coloca cúmulos de amatista rodeando un bloque de cristal tintado de morado. Como cuesta ver el cristal a distancia, parecerá que los cristales flotan.

## A OTRO NIVEL

¡Construye a lo grande! Empieza por uno de estos candelabros y luego expándelos por el resto del techo hasta que esté todo bien iluminado, pero no solo en esa habitación. ¡Que ningún techo se quede sin iluminar de esta forma tan elegante!

Pon velas sobre bloques y luego quita los bloques en los que se apoyaban para que parezca que están encantadas.

# CANDELABROS

Luz, cámara... ¡acción! Crea interiores de película construyendo candelabros y lámparas con clase y dile adiós a iluminar tu casa de Minecraft con fogatas.

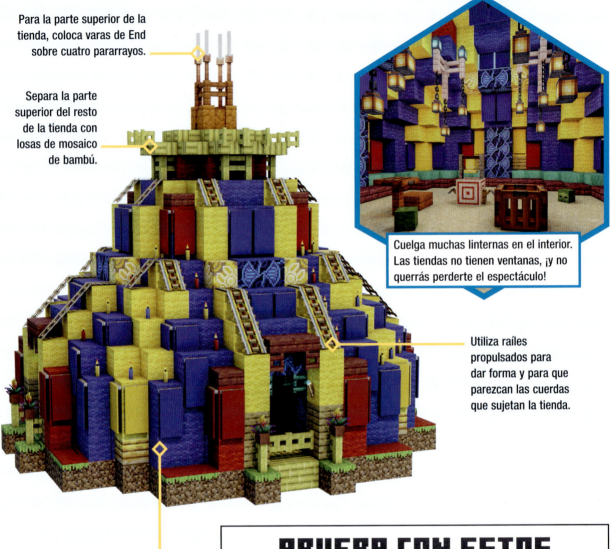

Para la parte superior de la tienda, coloca varas de End sobre cuatro pararrayos.

Separa la parte superior del resto de la tienda con losas de mosaico de bambú.

Cuelga muchas linternas en el interior. Las tiendas no tienen ventanas, ¡y no querrás perderte el espectáculo!

Utiliza raíles propulsados para dar forma y para que parezcan las cuerdas que sujetan la tienda.

Crea la base con lana amarilla y azul y luego decora a tu gusto con estandartes.

## PRUEBA CON ESTOS

**LANA AMARILLA**

**LANA AZUL**

**TERRACOTA ACRISTALADA AMARILLA**

**OBJETIVO**

# TIENDA DE CIRCO

30

¡Atención! ¡El circo ha llegado a tu aldea de Minecraft y busca ayuda para levantar esta alegre tienda! Iban a hacerlo los payasos, ¡pero no paraban de tropezarse y darse en la cara con pasteles!

Crea las llamas con cristal tintado. ¡No te olvides de pedir un deseo antes de soplar!

Las velas puedes hacerlas con hormigón rosa y las mechas con paredes de pizarra abismal.

Haz el pastel con madera y tablones de abeto. Pensar en las astillas nos ha quitado el apetito...

El glaseado decorativo queda muy bien con cuarzo liso y los bloques de champiñón rojo parecen fresas.

## A OTRO NIVEL

Este pastel tiene dos capas (o plantas), pero ¿por qué quedarse ahí? ¿Por qué no construir tres, cuatro o hasta siete millones? Bueno, puede que siete millones sea demasiado, pero puedes añadir todas las alturas que quieras.

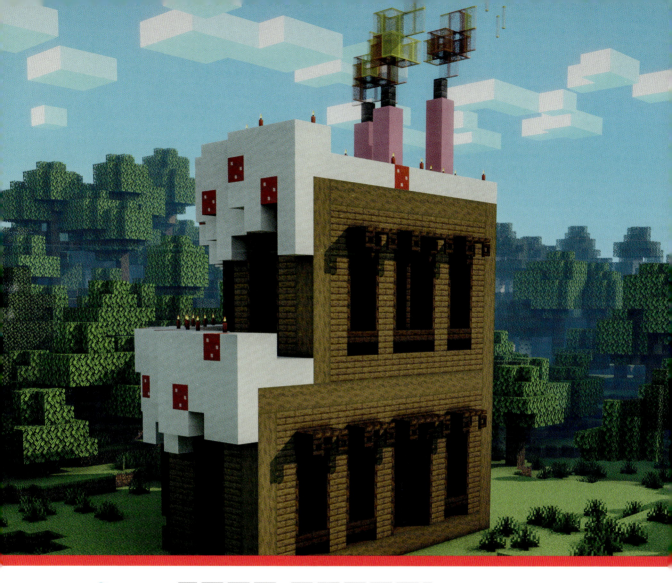

# CASA PASTEL DE CUMPLEAÑOS

Siéntete como si cada día fuese tu cumple en esta dulce casita con forma de pastel. Con la buena pinta que tiene, tendrás que espantar a los golosos que quieran hincarle el diente.

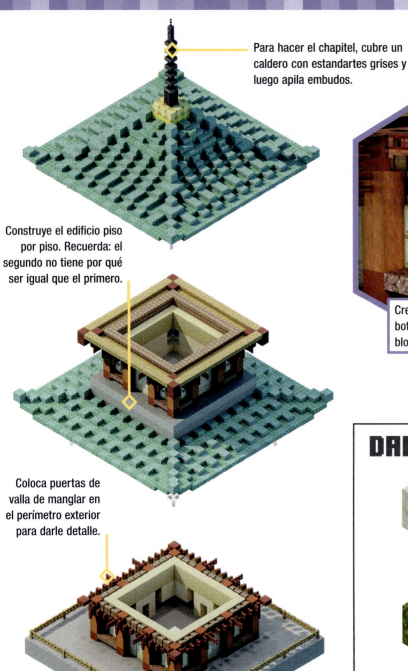

Para hacer el chapitel, cubre un caldero con estandartes grises y luego apila embudos.

Construye el edificio piso por piso. Recuerda: el segundo no tiene por qué ser igual que el primero.

Coloca puertas de valla de manglar en el perímetro exterior para darle detalle.

Crea faroles decorativos poniendo botones y vallas de cerezo en bloques de ranaluz purpúrea.

## DALE OTRO TOQUE

**ARENISCA LISA**

**PIZARRA ABISMAL**

**BLOQUE DE MUSGO**

**COBRE EROSIONADO**

# PAGODA PACÍFICA

¿Has tenido suficiente por hoy de saltar sobre lava, esquivar flechazos de los esqueletos y estar a punto de que te aplasten yunques? Puedes refugiarte aquí. Construye esta tranquila pagoda de dos plantas e ilumínala con faroles titilantes para descansar.

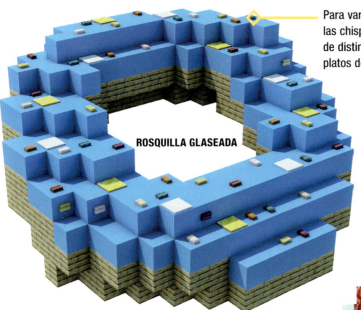

**ROSQUILLA GLASEADA**

Para variar el tamaño de las chispas, usa botones de distintas maderas y platos de presión.

Utiliza hormigón de distintos colores para las decoraciones.

**PASTELITO**

**PASTELITO**

Amontona bloques de nieve por encima del polvo de hormigón azul que forma el glaseado.

**BASTÓN DE CARAMELO**

Pon los colores en capas escalonadas para crear las típicas rayas rojas y blancas.

Crea la espiral de la paleta con bloques de cuarzo liso, amatista y púrpura.

**PALETA**

## PRUEBA CON ESTOS

**BOTÓN DE CEREZO**     **TERRACOTA ACRISTALADA ROJA**     **HORMIGÓN ROSA**     **TRONCO DE ROBLE SIN CORTEZA**

# ISLA DE LOS DULCES

¿Una isla de dulces con ríos de chocolate y en la que nieva azúcar? ¡El sueño de los golosos! Y la pesadilla de los dentistas. A lo mejor deberías construir un cepillo de dientes gigante después de disfrutar de este paraíso.

Fabrica cestas con señales de roble y losas de abeto para que estén a gusto.

Coloca primero un pilar de tronco de roble sin corteza para construir a su alrededor.

# A OTRO NIVEL

¿Tienes 50 gatos? ¡Bien por ti! Pero vas a necesitar un rascador con plataformas más grande. Por suerte, puedes expandir este todo lo que quieras. Empieza con algo más pequeño y ve ampliándolo hasta que todos tus michis tengan espacio para dormir la siesta.

¡Los carteles colgantes van genial para crear una pasarela!

## TORRE GATUNA

34

Dales a tus amigos peludos de cuatro patas una zona de juegos perfecta en Minecraft. Es tan divertido que a lo mejor te encuentras a tus amigos humanos trepando por ella también, sobre todo si están jugando al escondite con tus mascotas.

## DALE OTRO TOQUE

**PRISMARINA OSCURA**

**LADRILLOS DE PRISMARINA**

**BLOQUE DE REDSTONE**

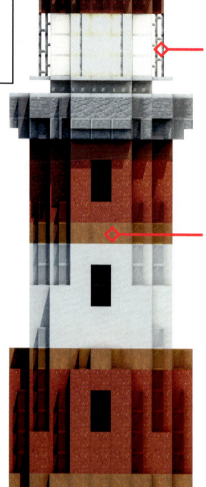

Usa barras de hierro para formar una estructura realista alrededor del foco del faro.

Utiliza madera de acacia sin corteza para una preciosa transición entre las rayas rojas y blancas.

Para mantener el interior del faro misterioso, usa cristal tintado de negro para las ventanas.

**VISTA AÉREA**

Sobrevuela la construcción para hacerte una idea de la forma mientras colocas estas escotillas de hierro.

# FARO

¿Te ha pasado que, después de un día de exploración, te das cuenta de que te has perdido? Pues lo que necesitas es un faro de llamativas rayas rojas y blancas para que te guíe de vuelta a casa. Gracias a su resplandor, habrás vuelto a casa en un santiamén.

## PRUEBA CON ESTOS

**TABLONES DE ABETO**

**ESCOTILLA DE MANGLAR**

**LADRILLOS DE PIEDRA MUSGOSA**

**PANEL DE CRISTAL TINTADO DE NEGRO**

Para la estructura, no escatimes en tablones de roble oscuro. Parecerá que es parte de un bosque encantado.

Rodea estanterías cinceladas con escotillas de roble oscuro.

Añade soportes para pociones para hacer muchas a la vez.

Las verrugas de inframundo plantadas en arena de almas le dan a la habitación un halo sombrío.

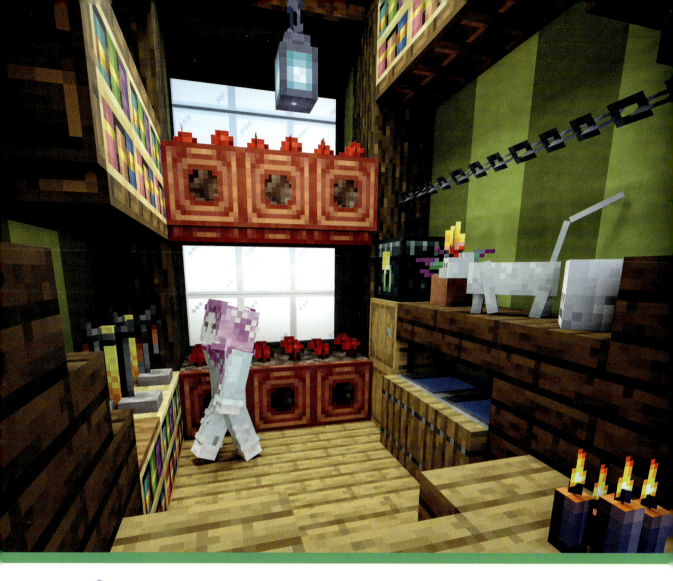

# LABORATORIO DE POCIONES

Esta habitación contiene todo lo que necesitan quienes quieran iniciarse en la elaboración de brebajes mágicos. Lo que le falta es la cuarta pared para que así los enemigos entren y tú puedas probar tus pociones en ellos. ¡Apunta bien y pelea a pocionazo limpio!

Puedes darle una forma distinta a tu asiento si colocas a la oveja tumbada con la cabeza en el suelo.

Simula estas pezuñas tan bonitas con terracota blanca.

El respaldo del trono mide tres bloques de ancho pero, si prefieres hacer un sofá, puedes alargarlo.

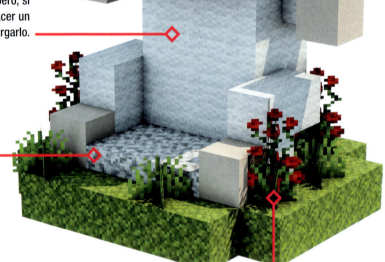

Las losas de diorita tienen un aspecto blandito.

Planta hierva y rosales cerca. A las ovejas les encanta estar rodeadas de plantas.

## DALE OTRO TOQUE

|  |  |  |  |
|---|---|---|---|
| **LANA ROSA** | **LANA AMARILLA** | **BLOQUE DE ORO** | **HORMIGÓN CIAN** |

## TRONO LANUDO

¿Cómo se sentirá sentarse en una nube mullidita? ¡Quién sabe! Pero este trono es lo más parecido que hay. Entre toda esa lana, es posible que no te haga falta contar ovejitas para dormirte.

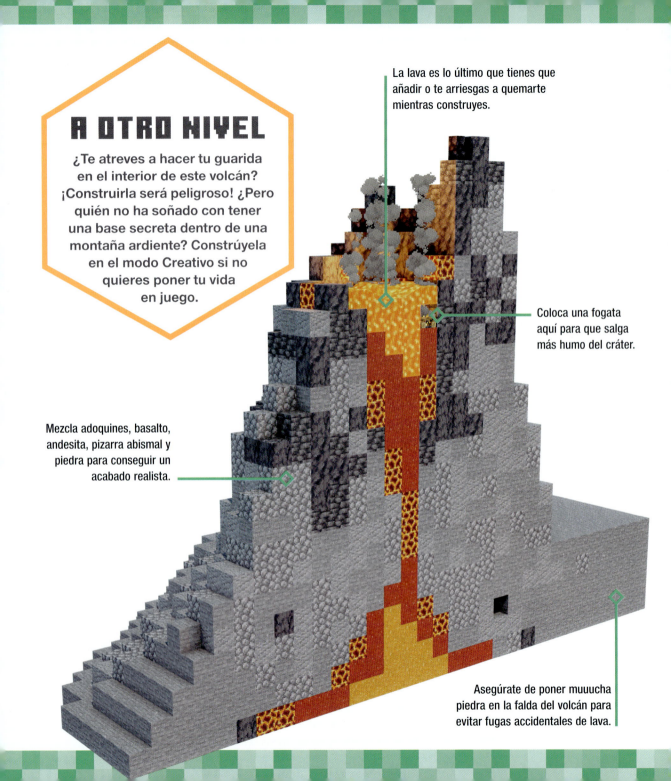

# A OTRO NIVEL

¿Te atreves a hacer tu guarida en el interior de este volcán? ¡Construirla será peligroso! ¿Pero quién no ha soñado con tener una base secreta dentro de una montaña ardiente? Constrúyela en el modo Creativo si no quieres poner tu vida en juego.

La lava es lo último que tienes que añadir o te arriesgas a quemarte mientras construyes.

Coloca una fogata aquí para que salga más humo del cráter.

Mezcla adoquines, basalto, andesita, pizarra abismal y piedra para conseguir un acabado realista.

Asegúrate de poner muuucha piedra en la falda del volcán para evitar fugas accidentales de lava.

# VOLCÁN

Buenas noticias: nadie salió herido durante la construcción de este proyecto. Eso sí, lo mejor es que andes con mucho cuidado durante la construcción de este peligroso volcán. Mantén la mente fría para evitar acabar en el fondo de un charco de lava.

Primero, construye la cabeza sobre una torre de bloques y luego rómpelos hasta que la cabeza quede flotando.

Usa lana verde lima para darle al Creeper su distintivo fulgor cadavérico.

Coloca dos fogatas para que sean el quemador del globo. Parecen de verdad.

## CONSEJO

Si te fijas bien, verás que no toda la boca del Creeper es negra, así que usa bloques grises también. Si quieres que tu Creeper esté de mejor humor, gira la boca y podrás verlo sonreír.

Haz el suelo de la cesta con losas de roble. Podrías poner una escotilla si te gusta el riesgo.

Las señales colgantes quedan geniales como barandas.

# GLOBO AEROSTÁTICO

¡Oh, oh! A esta construcción no le falta peligro: fuego, grandes alturas y... ¿un Creeper? Pero no hay nada que temer. En realidad solo es una fantástica máquina voladora que te permitirá admirar tu mundo de Minecraft desde el aire.

## PRUEBA CON ESTOS

**ESCOTILLA DE ROBLE OSCURO**

**LADRILLO DE INFRAMUNDO ROJO**

**HUEVO GENERADOR DE LOROS**

Empieza con un pilar de pared de arenisca.

Construye el tejado con losas y escotillas carmesí para un resultado muy llamativo.

Incluye cadenas para darle estructura a la construcción.

Genera loros en el modo Creativo lanzando huevos generadores de loros y amaéstralos con semillas.

Usa losas deformadas y de prismarina oscura para que el suelo tenga un color muy vivo.

Construye muchos posaderos con escotillas. Tus loros te lo agradecerán.

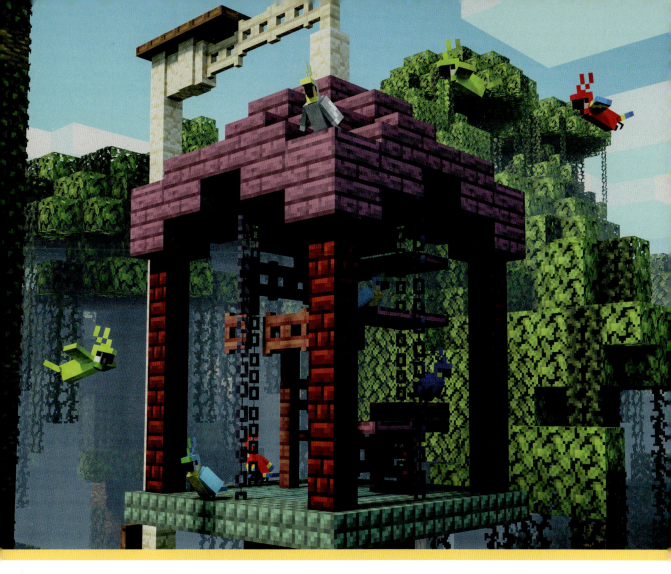

# CASITA PARA LOROS

¡Ni se te ocurra tener a tus amigos voladores encerrados en jaulas! Mejor constrúyeles esta adorable casita con posaderos y semillas para que no les falte nada y disfruta viéndolos revolotear y pasarlo en grande.

Consigue un aspecto envejecido con losas de cobre oxidado, cortado y encerado.

## CONSEJO

Elige colores que ayuden a tu robot explorador a camuflarse con el lugar de construcción o con la luna a la que vayas a mandarlo. Gris, verde azulado y amarillo son buenas opciones para empezar.

**VISTA TRASERA**

Añade detalles curiosos con yunques dañados.

Coloca cadenas alrededor de la construcción para que parezcan equipamiento de trabajo.

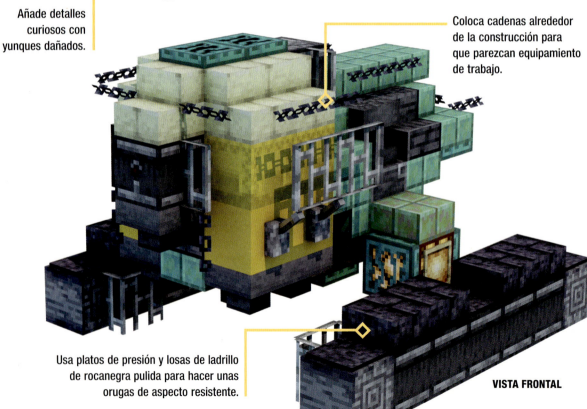

Usa platos de presión y losas de ladrillo de rocanegra pulida para hacer unas orugas de aspecto resistente.

**VISTA FRONTAL**

# ROBOT EXPLORADOR

**41**

Estás ante la construcción de Minecraft del futuro. ¿Será un aerodeslizador, una excavadora industrial o un astromóvil lunar? Tú decides. Adelántate a los tiempos y añade este vehículo robotizado a tu colección.

# A OTRO NIVEL

Durante el día se está muy bien aquí afuera, pero de noche es mortal. ¡Literalmente! Es cuando los Creepers se ponen a hacer de las suyas, así que más te vale amurallar tu cenador con ladrillos para mantener lejos el peligro.

Las vallas de roble y abeto sirven para hacer una pérgola frondosa.

Ilumina bien el cenador colgando linternas de la pérgola. ¡Pero no las pongas demasiado bajas o alguien acabará con un chichón en la cabeza!

Construye sillas pequeñas con losas y escotillas de jungla. ¡Superfácil!

Una señal de acacia a cada lado y ya tienes unos estupendos apoyabrazos.

## DALE OTRO TOQUE

**LOSA DE MANGLAR**

**ESCOTILLA DE MANGLAR**

**ESCALERAS DE CEREZO**

**ALFOMBRA ROSA**

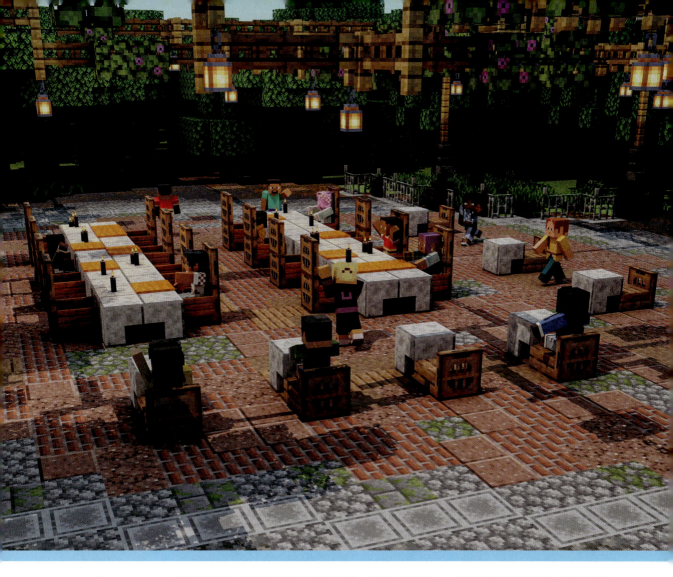

# CENADOR DEL BOSQUE

 42

¿Llevas todo el día corriendo por el bosque y disparando flechas a criaturas hostiles? ¡Pues necesitas un sitio bonito para descansar las piernas! Busca o haz un claro en el bosque y construye un cenador con mesas y asientos, pero no te relajes demasiado, que los zombis siguen acechando en las sombras.

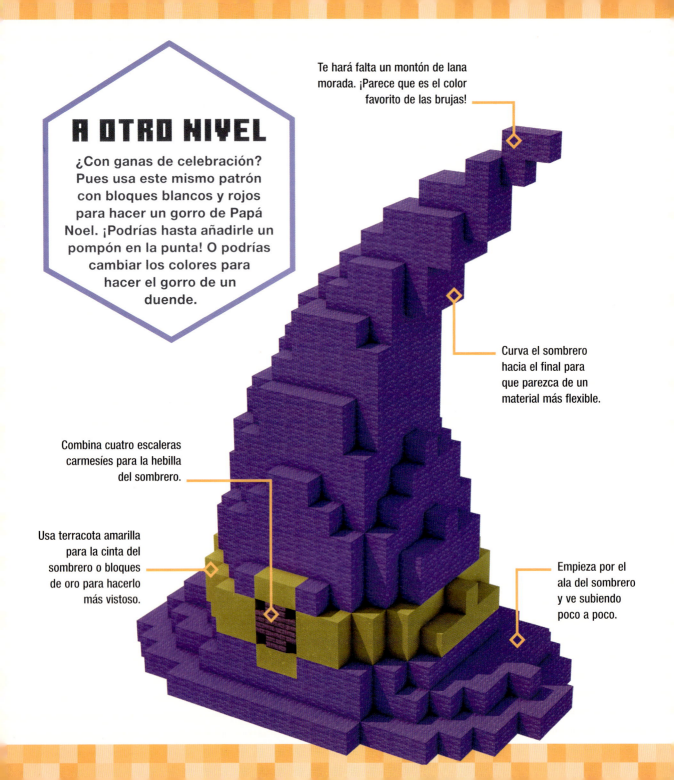

# A OTRO NIVEL

¿Con ganas de celebración? Pues usa este mismo patrón con bloques blancos y rojos para hacer un gorro de Papá Noel. ¡Podrías hasta añadirle un pompón en la punta! O podrías cambiar los colores para hacer el gorro de un duende.

Te hará falta un montón de lana morada. ¡Parece que es el color favorito de las brujas!

Curva el sombrero hacia el final para que parezca de un material más flexible.

Combina cuatro escaleras carmesíes para la hebilla del sombrero.

Usa terracota amarilla para la cinta del sombrero o bloques de oro para hacerlo más vistoso.

Empieza por el ala del sombrero y ve subiendo poco a poco.

# SOMBRERO DE BRUJA

43

Pero ¿a qué bruja le hace falta un sombrero tan grande? ¡Será mejor no pensar en eso! Vamos, ponte el casco de obra y saca las herramientas de construcción. ¿O mejor las de sastrería?

Usa losas de andesita pulida para el arco. Pon palancas en las esquinas interiores para que el ángulo sea más cerrado.

## CONSEJO

Cuando las escaleras se camuflan con el bioma, es muy divertido. ¡Aunque tendrás que poner un faro para marcarlas de alguna otra forma y no perderlas!

¿Escotillas, fogatas y vallas para hacer unas escaleras? ¿Cómo? ¿Sin bloques de escalera?

Pon bloques de musgo y hojas para que parezca que el sitio lleva mucho tiempo abandonado.

Utiliza paredes de ladrillos de barro para simular pilares resistentes.

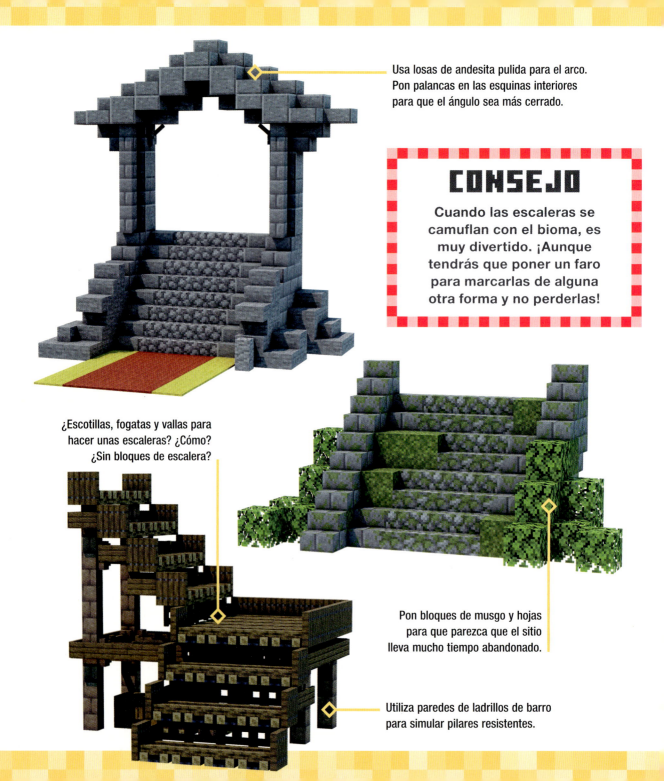

# ESCALERAS DE EXTERIOR

Este trío de escaleras es perfecto para exteriores. Construyéndolas con piedra, madera y vegetación, es fácil que parezcan parte del paisaje, pero nada te impide que las uses en tu casa.

## CONSEJO

Llena tu taller de objetos útiles. Como mínimo, un horno de fusión y una mesa de herrería. Pero ¿por qué no pones también cofres para guardar todas tus herramientas?

Deja la parte trasera del edificio abierta para que entre la luz.

Usa losas de piedra, ladrillos y escaleras de ladrillos para construir una chimenea lo suficientemente grande para dos fogatas.

Para que parezca que sale humo de la chimenea, coloca dos fogatas y rodéalas de escotillas de abeto.

Colgar cadenas es una buena forma de decorar un taller.

# TALLER DE HERRERÍA

¿Guardas tus herramientas en una sima oscura cerca de lava? ¡A lo mejor no es muy buena idea! Podrías construir un taller digno de un maestro herrero. No más herramientas perdidas.

Para que sea acogedor, usa colores cálidos y haz un calefactor con cuatro escotillas y una fogata.

## PRUEBA CON ESTOS

**LOSA DE ROBLE**

**ESCOTILLA DE ROBLE**

**BOTÓN DE CEREZO**

Coloca varas de End sobre cristal tintado de azul para ayudarte a volver a casa de noche.

Construye un porche para evitar que entre la nieve.

Las escotillas de cerezo parecen contraventanas.

# REFUGIO POLAR

¡Qué frrrío! Nada mejor tras disfrutar del hielo y la nieve que tener un refugio esperándote. Estará hecho de nieve, pero adentro se está bien calentito. ¡A los osos polares les dará mucha envidia! Pero cuidado mientras construyes el suelo, no vayas a darte un chapuzón helado.

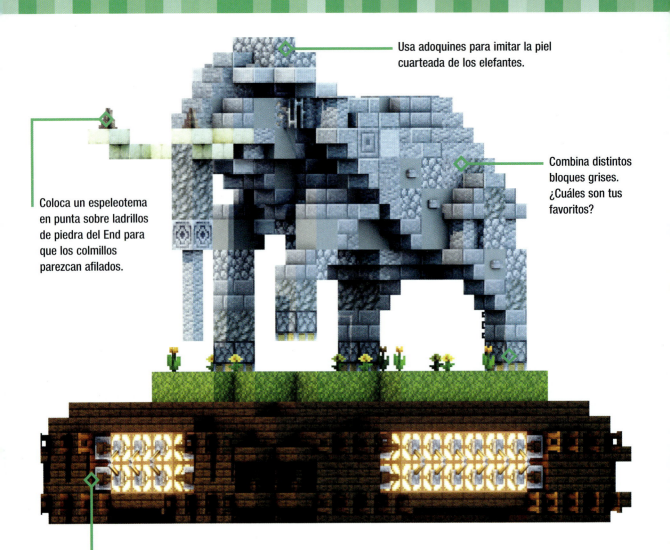

Usa adoquines para imitar la piel cuarteada de los elefantes.

Combina distintos bloques grises. ¿Cuáles son tus favoritos?

Coloca un espeleotema en punta sobre ladrillos de piedra del End para que los colmillos parezcan afilados.

Utiliza piedras de afilar, lámparas de redstone y palancas para hacer un pedestal bonito.

## PRUEBA CON ESTOS

**ESCALERAS DE ANDESITA PULIDA**

**LOSA DE ANDESITA PULIDA**

**ESCALERAS DE ADOQUINES**

**GRAVA**

# ESTATUA DE ELEFANTE

Una criatura tan poderosa se merece una estatua colosal, así que no escatimes en piedra para construir este increíble elefante. Con ese aspecto tan majestuoso encima de un pedestal alucinante, seguro que esta construcción la guardarás en la memoria.

Añade color con una mezcla de hojas de azalea y hojas de azalea florecida. Y si quieres más variación, prueba con hojas de cerezo.

Para que tu habitación sea el rinconcito más agradable que existe, constrúyela con madera, hojas y colores cálidos.

Para darle un toque extra a la barandilla del balcón, usa escotillas de roble.

Es superfácil construir un columpio con solo cuatro escotillas unidas por cadenas. ¡El mejor asiento de la casa!

Reparte bloques de tablones por ahí para tener más sitio para sentarse.

## CASA DEL ÁRBOL

En Minecraft hay árboles por todas partes, ¿por qué no vivir en uno? Fúndete con la naturaleza rodeándote de hojas en el mirador del tejado y disfruta de su sombra mientras te columpias. Invita a tus amigos para que no se lo pierdan.

# CONSEJO

Construye la habitación antes que los muebles. Cuando veas el espacio que tienes, será más fácil calcular cómo de grande quieres que sean el sofá o la encimera de la cocina.

Coloca estandartes a cada lado de las ventanas para que parezcan cortinas.

Usa distintos tipos de prismarina para añadir texturas y sombras.

Para la mesa, prueba con pistones. Crean un patrón muy bonito cuando están uno a lado del otro.

¡Pon un marco sobre la encimera de escaleras de cuarzo y ponle algo rico adentro!

## PRUEBA CON ESTOS

**ESCALERAS DEFORMADAS**

**TABLONES DE ROBLE**

**ESCOTILLA DEFORMADA**

**ESTANDARTE AZUL CLARO**

# INTERIOR VERDE AZULADO

Cuando construyes mezclando bloques distintos de un color similar, puedes crear un montón de detalles interesantes y lograr que hasta un espacio pequeño se destaque. ¿Cuál es tu color favorito? Escoge una tonalidad y experimenta.

Fabrica un sombrero con cuatro alfombras y una fogata en el centro. Enciéndela para un efecto impactante.

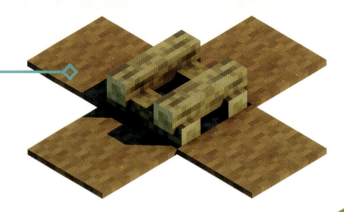

El fardo de heno sostiene el resto.

## A OTRO NIVEL

Un espantapájaros pequeño está bien, pero ¿y si construyes uno **GIGANTE**? Así seguro que ninguna alimaña indeseada se acerca a tus cultivos. O si quieres que tu huerta se imponga de verdad, podrías construir un ejército de espantapájaros.

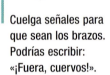

Cuelga señales para que sean los brazos. Podrías escribir: «¡Fuera, cuervos!».

Empieza la construcción con una maceta decorada.

# ESPANTAPÁJAROS

En Minecraft no hay cuervos. ¿A lo mejor es gracias a este espantapájaros? Por si acaso, protege tus cosechas con este guardián con cabeza de calabaza.

## CONSEJO

Hay muchos bloques y objetos decorativos en esta construcción. Empieza por las estructuras básicas y luego añade las decoraciones y el equipamiento científico.

Utiliza hornos de fusión para que parezca que hay conductos de ventilación en la pared.

Los pararrayos parecen equipamiento de cobre. Imprescindibles en la mesa de todo buen científico.

Pon velas encima de los soportes para pociones para que parezca que hay experimentos en curso.

Coloca un aullador de sculk y un sensor sculk calibrado detrás de paneles de cristal. ¡Parecerá un experimento peligroso!

# LABORATORIO

Si lo tuyo son los experimentos científicos, necesitarás un laboratorio bien pertrechado. Haz pociones y juega cuidadosamente con lava pero, por lo que más quieras, no inventes monstruos nuevos. ¡Buena suerte con las investigaciones!

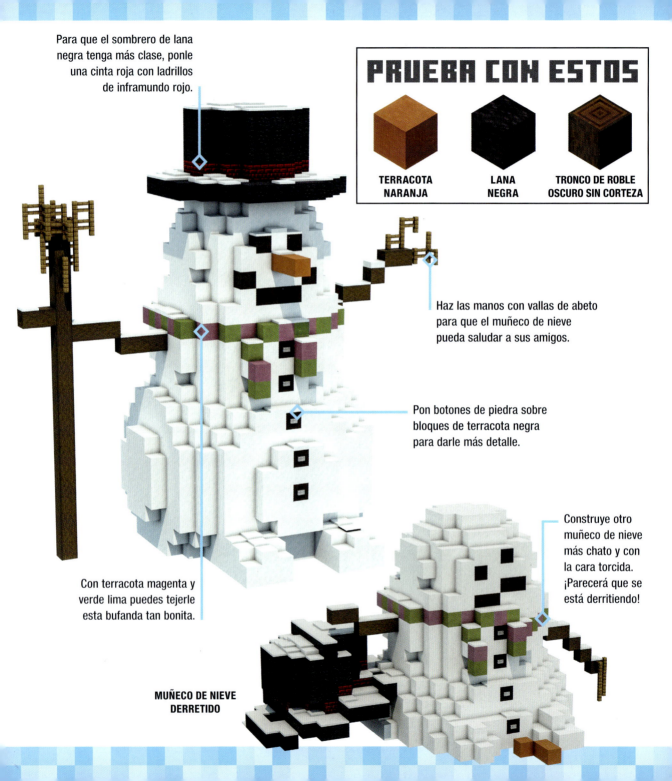

Para que el sombrero de lana negra tenga más clase, ponle una cinta roja con ladrillos de inframundo rojo.

## PRUEBA CON ESTOS

**TERRACOTA NARANJA**

**LANA NEGRA**

**TRONCO DE ROBLE OSCURO SIN CORTEZA**

Haz las manos con vallas de abeto para que el muñeco de nieve pueda saludar a sus amigos.

Pon botones de piedra sobre bloques de terracota negra para darle más detalle.

Construye otro muñeco de nieve más chato y con la cara torcida. ¡Parecerá que se está derritiendo!

Con terracota magenta y verde lima puedes tejerle esta bufanda tan bonita.

**MUÑECO DE NIEVE DERRETIDO**

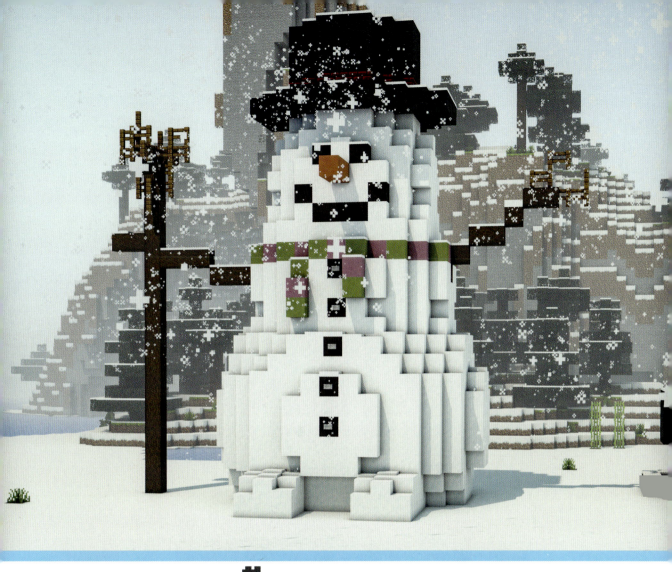

# MUÑECO DE NIEVE

¡Mira lo orgulloso que está este muñeco de nieve con su sombrero, su bastón y su bufanda! Su sonrisa es suficiente para derretirle el corazón a cualquiera. Por suerte, él no lo hará, aunque puedes construirle un amigo que esté a medio derretir.

# A OTRO NIVEL

Demuestra lo bien que bailas, y lo bien que construyes, creando una pista de baile que se ilumine. Coloca una capa de champiluces, piedras brillantes o linternas del mar debajo de los bloques de cristal. ¡Ahora sal ahí a darlo todo!

Pon varas de End detrás de bloques de cristal tintado de blanco para que brillen.

Coloca platos de presión por peso (pesado) encima de bloques de notas para que parezca el equipamiento del DJ.

Bailar sobre cristal tintado en Minecraft es seguro, ¡pero no lo hagas en la vida real!

Añade un borde de estanterías cinceladas. ¡Pero aquí no hemos venido a leer!

Estas calaveras de esqueleto delante de los altavoces negros de carbón le darán el toque final.

# PISTA DE BAILE

53

¡Dale un descanso al pico y transforma Minecraft en una discoteca! Se pueden turnar para vigilar la puerta. ¡A los saqueadores no se les permite el paso!

Crea una preciosa flor con escotillas y hojas de cerezo.

## DALE OTRO TOQUE

**POLVO DE HORMIGÓN VERDE**

**CAJA DE SHULKER VERDE**

**TERRACOTA ACRISTALADA VERDE**

**BLOQUE DE CHAMPIÑÓN MARRÓN**

Coloca bloques de terracota verde alrededor del cactus y botones encima para hacer las púas.

Construye una maceta con terracota y llénala de barro. También puedes construir el cactus directamente en el suelo.

## CONSEJO

Construye la parte central del cactus primero. Te ayudará a visualizar la altura general y cómo de grande quieres hacer el resto de la planta y la maceta.

## CACTUS EN FLOR

Los cactus son la construcción perfecta para los biomas de desierto. Tienen formas muy curiosas y variadas, pero ¡cuidado con las espinas! Además, si haces un cactus gigante, te ayudará a orientarte entre tanta duna de arena.

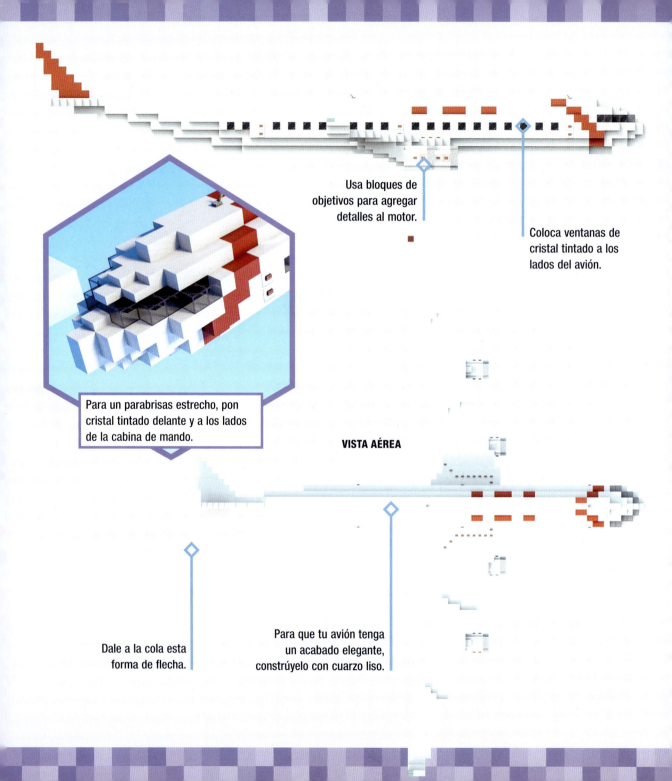

Usa bloques de objetivos para agregar detalles al motor.

Coloca ventanas de cristal tintado a los lados del avión.

Para un parabrisas estrecho, pon cristal tintado delante y a los lados de la cabina de mando.

**VISTA AÉREA**

Dale a la cola esta forma de flecha.

Para que tu avión tenga un acabado elegante, constrúyelo con cuarzo liso.

# AVIÓN

**55**

Embárcate en una emocionante travesía construyendo tu propio avión. Puedes hacerlo en el aire o en una pista de aterrizaje, la decisión es tuya. Eso sí, dale un toque de algún color brillante para que otros pilotos no lo confundan con una nube.

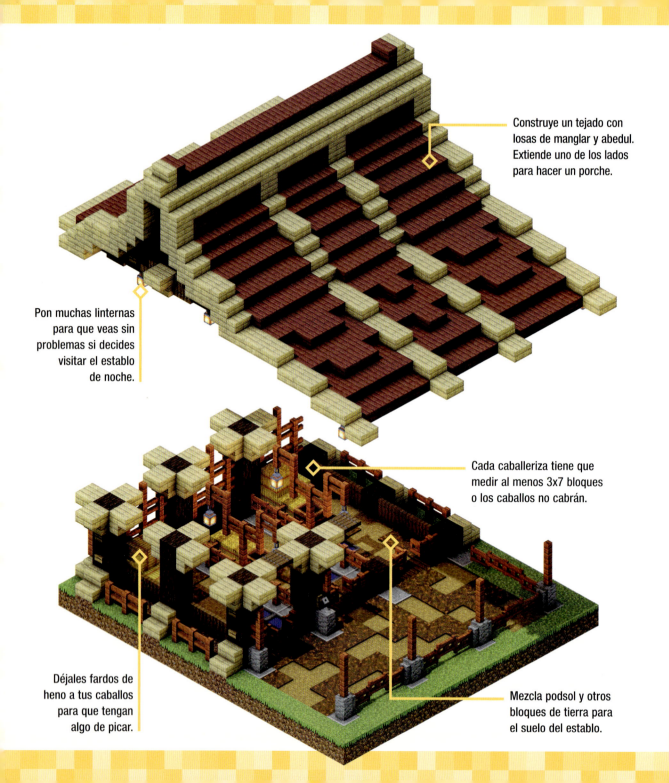

# ESTABLO

 56

¿Quieres que tus caballos tengan un lugar cómodo en el que resguardarse? Con este pedazo de establo no escucharás ni un relincho de queja de tus amigos equinos. Tampoco los entenderías si se quejaran, claro...

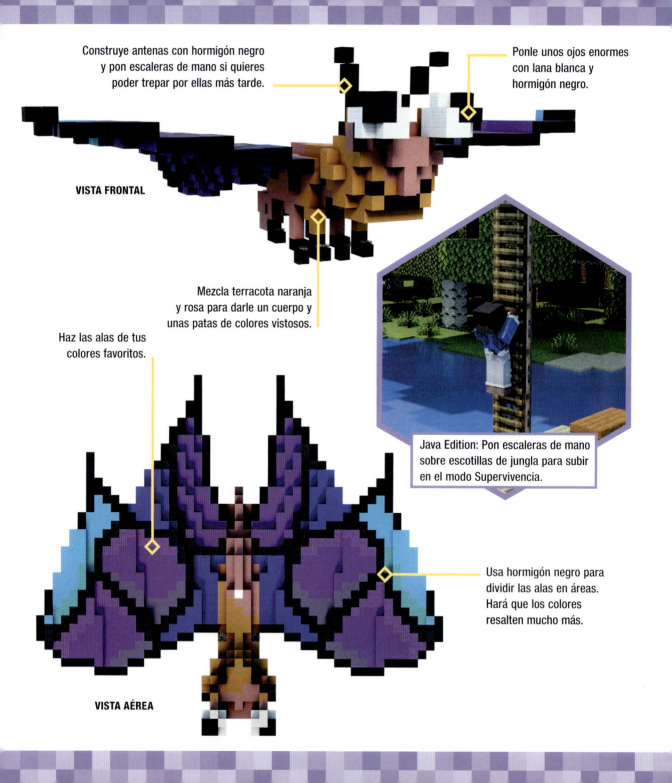

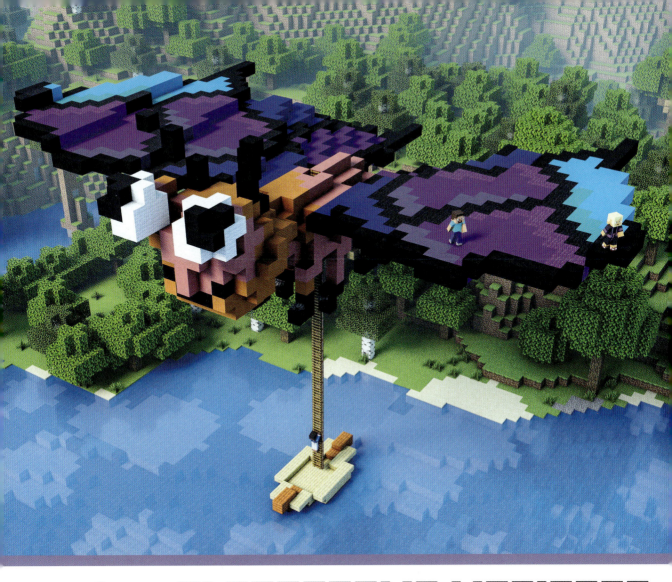

# PLATAFORMA MARIPOSA

Las mariposas pueden ser pequeñitas, ¡o pueden ser bichos enormes que hagan salir volando a un fantasma! ¿Por qué no ir un paso más allá y construir un pedazo de plataforma con forma de mariposa para que el color nunca abandone los cielos de Minecraft?

## PRUEBA CON ESTOS

 **LOSA DE ABEDUL**
 **ESCOTILLA DE ABEDUL**
 **PARED DE LADRILLOS DE PIEDRA**
 **PODSOL**

Construye un lado de la casa más bajo que el otro y únelos con losas de manglar para crear un tejado inclinado.

Coloca macetas con plantas para darle un toque más hogareño.

Pon una campana junto a la puerta. ¡Ahora tienes un timbre!

Empieza con una base de 3x3. Luego, haz las paredes de bambú cuatro bloques de alto.

# MICROCASA

¿Te has pasado la mayoría del día persiguiendo gallinas en lugar de preparándote para sobrevivir la noche? ¡Rápido, tienes que construir un escondrijo! Aunque una construcción rápida y pequeña no está reñida con el estilo, ¿eh?

## DALE OTRO TOQUE

**BLOQUE DE MIEL**

**PLANTA CORAL**

**TIERRA**

**TERRACOTA VERDE**

Usa faros para que parezcan ojos de cristal con pupilas brillantes. ¡Escalofriante!

Ve añadiendo bloques de verruga deformados mientras vas ganando altura para darle la forma a la cabeza de la serpiente.

Haz un enorme pilar central con ladrillos de piedra musgosa y adoquines musgosos.

El granate intenso de las losas de ladrillos de inframundo rojo contrasta muy bien con los colores fríos.

Para el cuerpo de la serpiente, utiliza sobre todo hielo compacto y hielo azul.

## SERPIENTE DE HIELO

Toparte con osos polares caminando por biomas nevados te dará mucho menos miedo después de encontrarte con este reptil gigante. Esssta essstatua sssinuosa dejará helados a todos tus visitantes.

Hazle unos ojos muuuy grandes con cuarzo liso y hormigón negro.

Usa alfombras de musgo para los párpados.

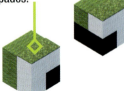

¡Viva el verde! El cuerpo es una mezcla de lana verde, terracota verde lima y polvo de hormigón verde.

Pon al menos un nenúfar. ¿Y por qué no generar una ranita de verdad?

¡La lengua es una cascada!

## FUENTE RANA

Desde lejos, esta construcción parece que forma parte del bioma. Pero, si te acercas, te darás cuenta de que tiene ojos y se trata de una fantástica fuente con forma de rana. ¿Crees que se irá dando brincos?

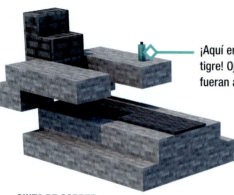

¡Aquí empieza a oler a tigre! Ojalá estas velas fueran aromáticas...

**CINTA DE CORRER**

# A OTRO NIVEL

¿Sabes que es genial después de un buen entrenamiento? ¡Nadar! Podrías expandir el gimnasio para incluir una piscina cubierta con varios carriles de natación. Una opción más relajante podría ser un *jacuzzi*.

Las pesas son dos bloques de hulla unidos con una vara de End.

**BANCO DE PESAS**

Usa una cadena y cuelga de ella una señal de manglar para que parezca que el saco de boxeo cuelga.

La alfombra gris sobre la piedra hace que ejercitarse aquí sea más cómodo.

Crea una cinta de correr con escaleras de piedra y de pizarra abismal pulida. Ahora, ¡a correr!

El hormigón rojo es genial como saco de boxeo. ¡Pero a lo mejor duele darle puñetazos!

**SACO DE BOXEO**

## SALA DE GIMNASIO

61

Hacer deporte en Minecraft es mucho más fácil que en la vida real. Es verdad que no vas a sacar músculos, pero ¿y lo espectacular que queda este gimnasio? ¡A levantar bloques, vamos!

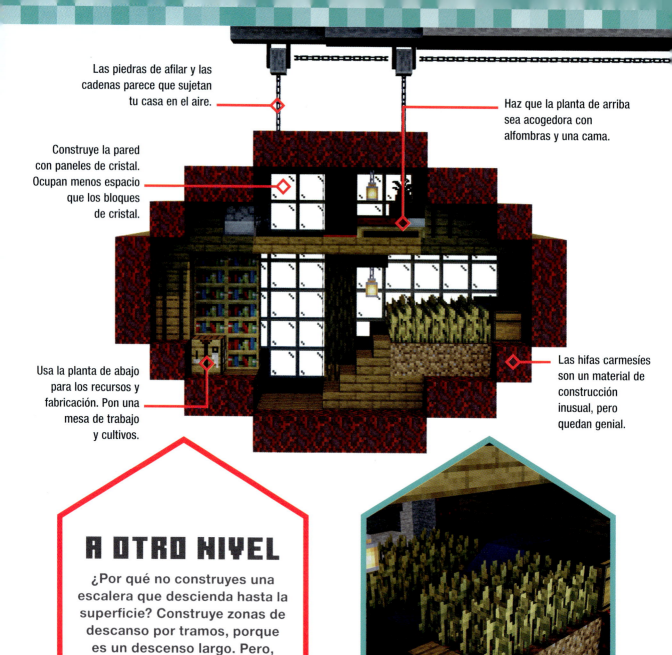

Las piedras de afilar y las cadenas parece que sujetan tu casa en el aire.

Haz que la planta de arriba sea acogedora con alfombras y una cama.

Construye la pared con paneles de cristal. Ocupan menos espacio que los bloques de cristal.

Usa la planta de abajo para los recursos y fabricación. Pon una mesa de trabajo y cultivos.

Las hifas carmesíes son un material de construcción inusual, pero quedan genial.

## A OTRO NIVEL

¿Por qué no construyes una escalera que descienda hasta la superficie? Construye zonas de descanso por tramos, porque es un descenso largo. Pero, hagas lo que hagas, ¡no mires abajo!

Pon una fuente de agua en tu casa o tendrás que bajar y subir siempre que tengas que regar los cultivos.

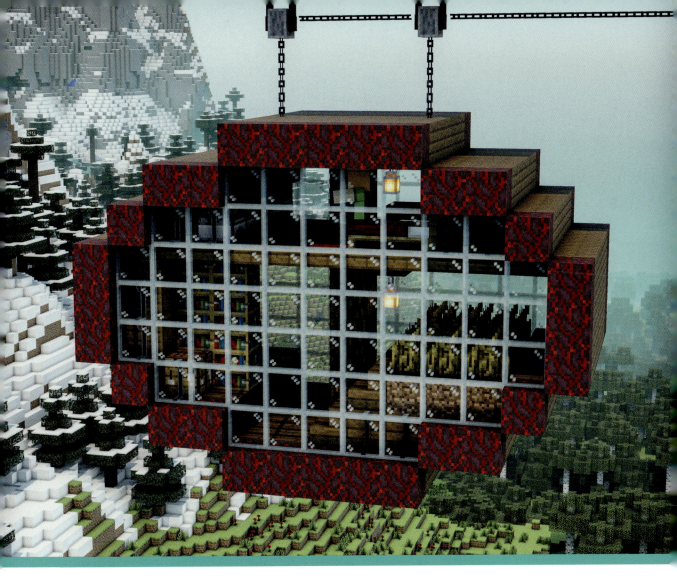

## CASA COLGANTE

Si siempre has querido vivir en lo alto, esta casa es para ti. ¿Y quién quiere tele teniendo estas vistas tan espectaculares desde las alturas? Eso sí, quienes tengan vértigo lo pasarían mal viviendo aquí.

Con un estandarte morado, le hemos dado a esta silla de madera de cerezo un espléndido cojín.

## CONSEJO

La estructura básica de una silla es una combinación de losas para el asiento y escotillas para el respaldo. A partir de ahí, ¡todo vale!

Las cadenas no están unidas realmente a este banco de bambú, ¡es un truco de perspectiva!

Coloca primero un par de paredes de rocanegra pulida y luego rompe los bloques inferiores para dejar espacio para la silla.

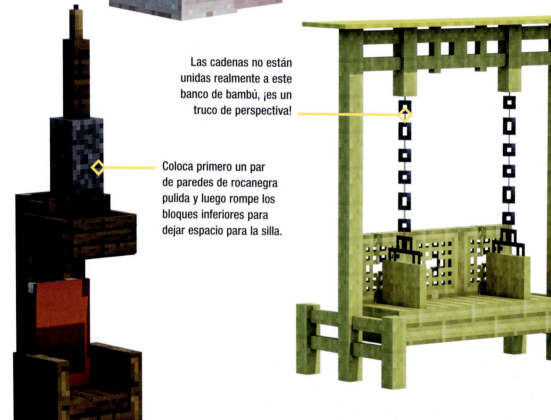

# SILLONES A MONTONES

Después de un día ajetreado lleno de construcciones de este libro, agradecerás tener un sitio en el que sentarte. Aunque tendrás que hacerte la silla antes... ¡y ya que te pones, que tenga estilo!

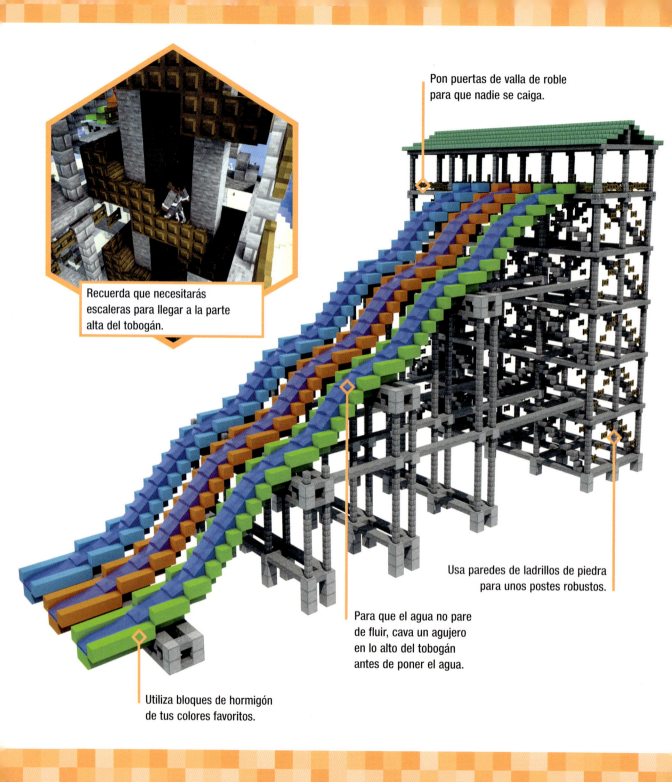

# TOBOGANES ACUÁTICOS

¿Te parece poco emocionante tirarte en bomba al agua? ¡Pues a ver si te atreves a tirarte por estos toboganes acuáticos! Son divertidísimos, pero cuando estás arriba, dan un poco de miedo.

## DALE OTRO TOQUE

 **TERRACOTA ACRISTALADA VERDE LIMA**

 **TERRACOTA ACRISTALADA VERDE**

 **CHAMPILUZ**

 **BLOQUE DE ORO**

Hazle estos ojitos brillantes con calaveras de esqueletos Wither.

Para una chaqueta interesante, combina hormigón azul claro con terracota azul claro.

Deja huecos en las esquinas del hormigón rosa. Ayudará a que parezca pelo.

El chaleco puedes hacerlo con lana blanca. Ayudará a que el resto de la ropa se destaque más.

## PERSONAJE ADORABLE

Este amiguito no te quitará recursos, no te interrumpirá mientras pescas ni te gastará bromas con dinamita. Además, con un poco de ingenio, podrás cambiarle el peinado todos los días. Lo malo es que seguramente no te responda cuando le hables.

Empieza con un bloque y ve añadiendo y quitando bloques para darle una forma realista.

## A OTRO NIVEL

Para pasar de una colmena a todo un árbol de abejas, reemplaza los bloques de hojas por nidos de abejas y bloques de miel. ¡Podrías hacer todo un bosque! Eso sí que sería digno de ver.

Asegúrate de que haya espacio para la colmena debajo de las ramas. Este árbol mide 20 bloques de alto, pero podrías usar uno más alto.

Coloca algunas velas amarillas por la colmena para darle un bonito resplandor.

## CONSEJO

Incluye nidos de abeja vacíos en la construcción y las abejas que estén buscando casa se mudarán a ellos. Después, planta muchas flores cerquita si quieres que se reproduzcan.

# COLMENA

Como todo buen oso te dirá, la miel nunca sobra. Así que construye a lo grande. Cuanto más grande sea tu colmena, más abejas habrá. Y cuantas más abejas haya, ¡más miel para todos! ¡Qué rico!

Coloca una fogata de alma. Después, cuatro escotillas de hierro y una losa de piedra lisa encima.

Los faros parecen bombillas dentro de un cubo de cristal. ¡Perfecto!

Dale ambiente a la luz con paneles de cristal tintado de azul alrededor de la fogata.

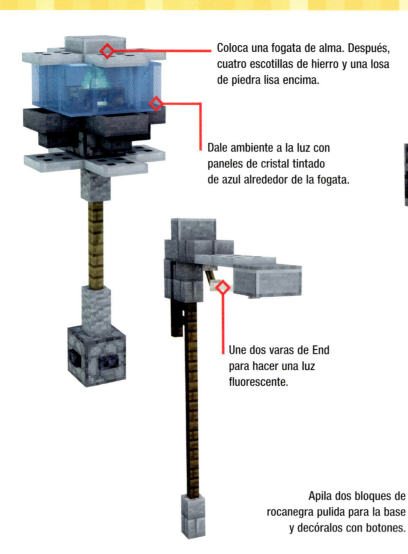

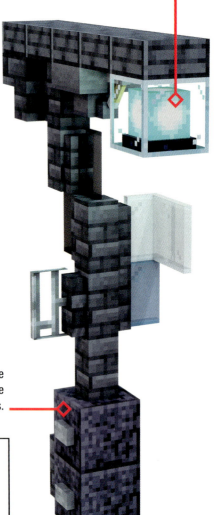

Une dos varas de End para hacer una luz fluorescente.

Apila dos bloques de rocanegra pulida para la base y decóralos con botones.

## PRUEBA CON ESTOS

|  |  |  |  |
|---|---|---|---|
| **LOSA DE PIEDRA PULIDA** | **BARRAS DE HIERRO** | **VALLA DE ROBLE OSCURO** | **ROCANEGRA PULIDA** |

## FAROLAS URBANAS

Si lo que quieres es que tu aldea parezca una ciudad, unas farolas quedarán mejor que unas antorchas para iluminar las calles. ¡Todos los vecinos tendrán la suerte de ver a los zombis cuando los invadan por las noches! ¿Yupi?

Las mesas de encantamientos producen encantamientos más poderosos si colocas estanterías cerca.

Puedes darles más estilo a los bloques de estantería colocando escotillas de abeto por encima y por debajo.

Crea un techo rosa con troncos de cerezo sin corteza y escaleras de cerezo.

Pon cajas de Shulker por la habitación para tener almacenamiento.

## A OTRO NIVEL

Construye una habitación adyacente a esta para probar tus conjuros. Cubre el suelo con bloques de hielo y de magma y encanta tus botas con Paso helado o usa dinamita para comprobar si funciona Protección contra explosiones. ¡Con suerte, la habitación sobrevivirá a las pruebas!

# SALA DE ENCANTAMIENTOS

Construir una habitación digna para alguien con poderes mágicos puede ser abrumador. ¿Qué pasa si no les gusta y te lanzan una maldición? Por suerte, esta habitación es encantadora: alegre, bien iluminada, y tiene todo lo que un lanzador de hechizos puede necesitar. ¡Es mágica!

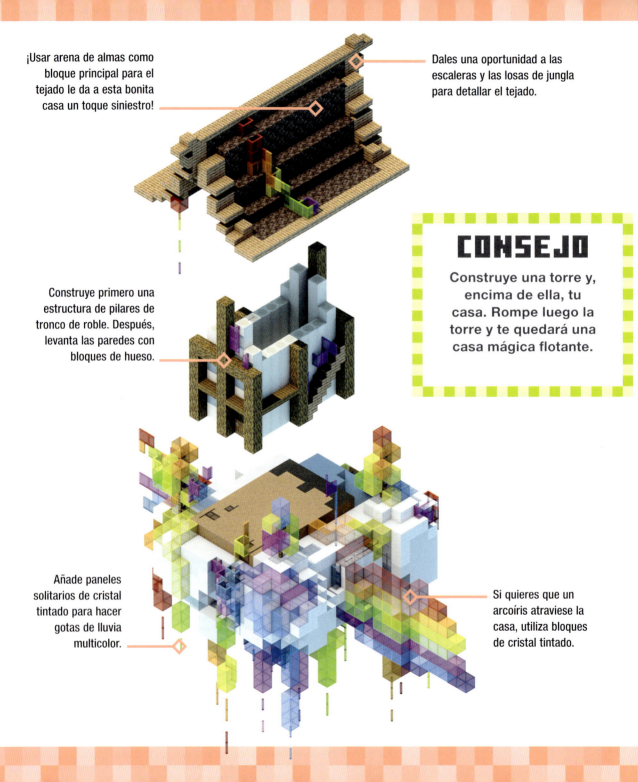

¡Usar arena de almas como bloque principal para el tejado le da a esta bonita casa un toque siniestro!

Dales una oportunidad a las escaleras y las losas de jungla para detallar el tejado.

Construye primero una estructura de pilares de tronco de roble. Después, levanta las paredes con bloques de hueso.

## CONSEJO

Construye una torre y, encima de ella, tu casa. Rompe luego la torre y te quedará una casa mágica flotante.

Añade paneles solitarios de cristal tintado para hacer gotas de lluvia multicolor.

Si quieres que un arcoíris atraviese la casa, utiliza bloques de cristal tintado.

## CASA EN EL AIRE

Despídete del suelo y da el salto a las construcciones aéreas. Pero recuerda que tendrás que tener cuidado extra cuando salgas de casa por las mañanas. ¡Hay una buena caída!

## DALE OTRO TOQUE

 **CRISTAL TINTADO DE MORADO**

 **HIFAS DEFORMADAS**

 **HOJAS DE CEREZO**

 **BLOQUE DE DIAMANTE**

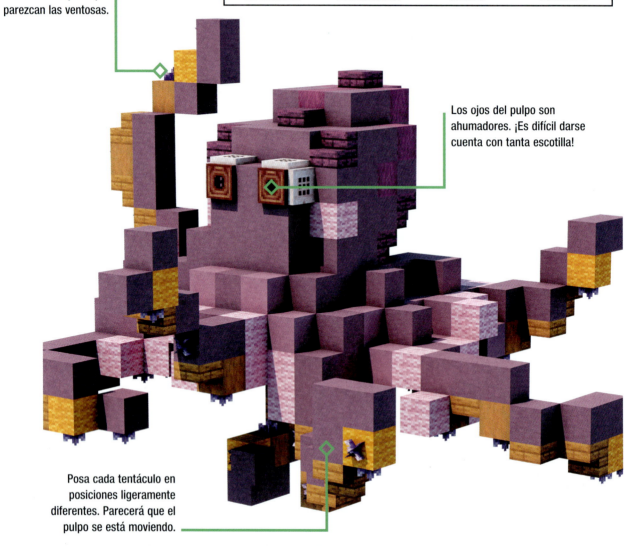

Añade brotes de amatista medianos en la parte interna de los tentáculos para que parezcan las ventosas.

Los ojos del pulpo son ahumadores. ¡Es difícil darse cuenta con tanta escotilla!

Posa cada tentáculo en posiciones ligeramente diferentes. Parecerá que el pulpo se está moviendo.

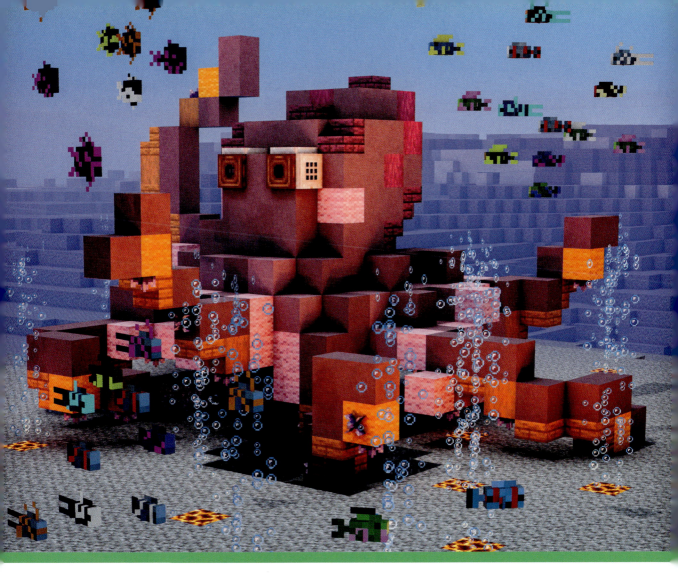

# PULPO

**70**

Los fondos marinos de Minecraft serían mucho más divertidos si tuvieran menos ahogados y más moluscos cool. Dales alegría a los océanos construyendo este pulpo gigante. ¡Hará que explorar las profundidades sea más interesante!

## DALE OTRO TOQUE

**HORMIGÓN ROSA**

**LANA AMARILLA**

**TERRACOTA ACRISTALADA BLANCA**

**HORMIGÓN MORADO**

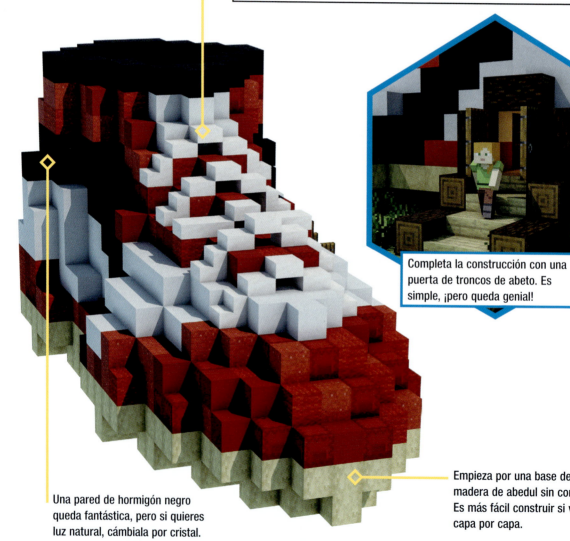

Crea arcos de losas de cuarzo liso para hacer los cordones.

Completa la construcción con una puerta de troncos de abeto. Es simple, ¡pero queda genial!

Una pared de hormigón negro queda fantástica, pero si quieres luz natural, cámbiala por cristal.

Empieza por una base de madera de abedul sin corteza. Es más fácil construir si vas capa por capa.

## CASA DEPORTIVA

Dales un puntapié a las casas normales con este edificio con forma de zapato deportivo. ¿Por qué no construir la pareja? ¡Tendrás un pequeño vecindario de los zapatos más espectaculares y menos malolientes del planeta!

Crea un candelabro poniendo velas en los extremos de las vallas de abedul.

Mezcla bloques de verruga roja de inframundo con otros bloques rojos para hacer unas cortinas elegantes.

## A OTRO NIVEL

Haz unos pilares con tablones de roble en las esquinas de la cama. También puedes hacerlos con vallas si quieres que ocupen menos espacio. ¡Transformará tu cama en un lecho digno de la realeza!

Pon escaleras de roble a cada lado de la cama. Hará más fácil acceder a ella.

**DECORACIÓN DE PARED**

Crea dos espadas cruzadas con cuarzo, diorita y escaleras de roble oscuro. *¡En garde!*

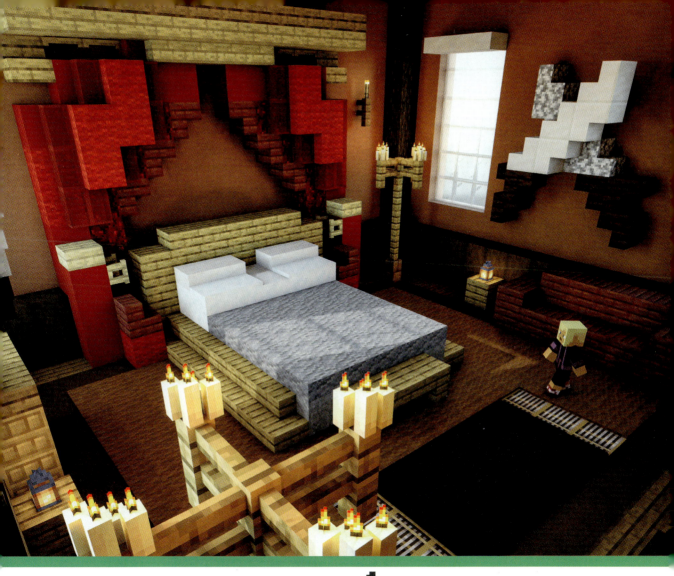

# HABITACIÓN DE LUJO

Después de un día sin descanso de minar y vengarte de los Creepers que no paran de volar tus construcciones por el aire, querrás descansar en una cama cómoda. Por suerte, este colchón de losas de andesita es más cómodo de lo que suena. ¡Que descanses!

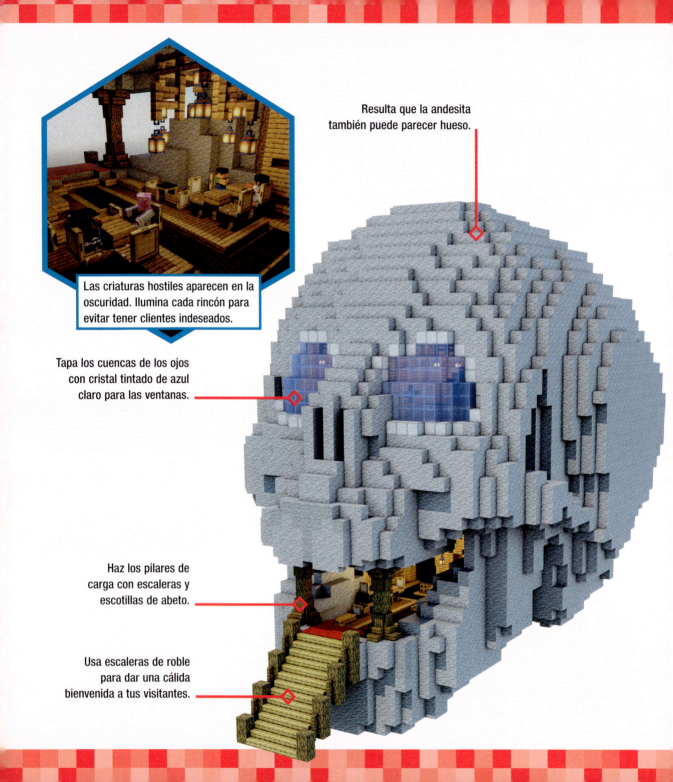

Las criaturas hostiles aparecen en la oscuridad. Ilumina cada rincón para evitar tener clientes indeseados.

Resulta que la andesita también puede parecer hueso.

Tapa los cuencas de los ojos con cristal tintado de azul claro para las ventanas.

Haz los pilares de carga con escaleras y escotillas de abeto.

Usa escaleras de roble para dar una cálida bienvenida a tus visitantes.

# CAFETERÍA CALAVERA

¿Te atreves con un *smoothie* de Kiwi Creeper? ¡Pues esta cafetería es tu sitio! Si pudiésemos convencer a los esqueletos de que viniesen a trabajar de camareros, daría más miedo, ¡pero también sería increíble!

Coloca bloques esquina con esquina para crear el efecto de una bandera ondeante.

Pon una recompensa en este cofre. ¿Quién se atreverá a intentar conseguirla?

Las escotillas de bambú y las escaleras de cerezo crean zonas de descanso agradables.

Las alfombras verdes van bien con la paleta de colores natural.

Escaleras con losas de manglar que se curvan alrededor de un pilar central.

Añade macetas con flores para que la torre parezca menos amenazadora.

# TORRE DE SAQUEADORES

Encontrarse con un puesto de saqueadores explorando la superficie sería razón de sobra para entrar en pánico. Lo bueno es que puedes hacer una estructura que se le parezca, ¡pero sin atacantes adentro! No guardes todavía la ballesta por si algún saqueador decide mudarse.

Un patrón de cuadros de alfombra roja y blanca crea una sombrilla soberbia.

## CONSEJO

Empieza por la cabeza de la tortuga. Construir la piscina pequeña primero hará más fácil determinar el tamaño del resto del cuerpo. ¡Ahorrarás tiempo para poder darte un chapuzón!

Usa ladrillos de barro y barro compacto alrededor de la piscina. (Por suerte no lo embarrarán todo).

Alterna terracota verde y verde lima para el caparazón.

No te olvides de la colita de bambú sin corteza.

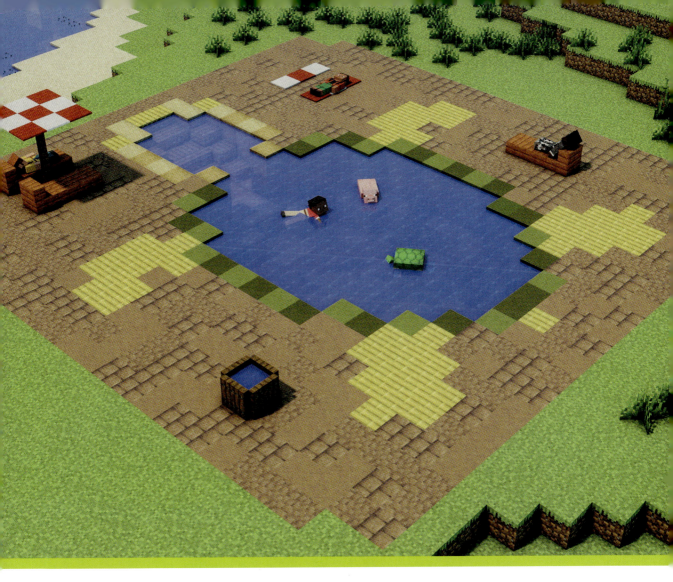

# PISCINA TORTUGA

La piscina perfecta tiene forma de tortuga. Remójate en ella, toma el sol cómodamente o juega con las burbujas en un *jacuzzi*. Y ya que estamos, ¿por qué no generas unas cuantas tortugas? ¡Hay espacio de sobra para todos!

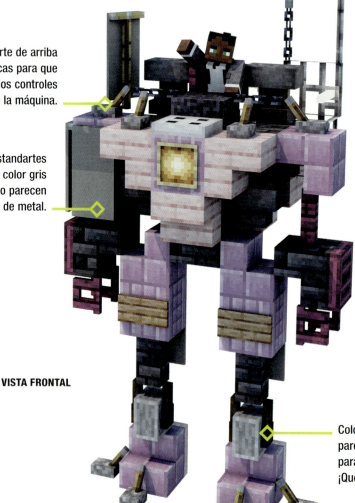

## CONSEJO

Si quieres añadir líneas diagonales a tus construcciones, las palancas son una buena solución. Son la forma más fácil de hacer triángulos en Minecraft.

Haz las antenas con barras de hierro y cadenas con velas grises en el extremo.

**VISTA TRASERA**

Cubre la parte de arriba con palancas para que parezcan los controles de la máquina.

Los estandartes de color gris claro parecen placas de metal.

Usa escotillas de cerezo, escaleras púrpura y palancas colocadas estratégicamente para los pies.

**VISTA FRONTAL**

Coloca una piedra de amolar en la pared de baldosas de pizarra abismal para que parezca una articulación móvil. ¡Qué buena idea!

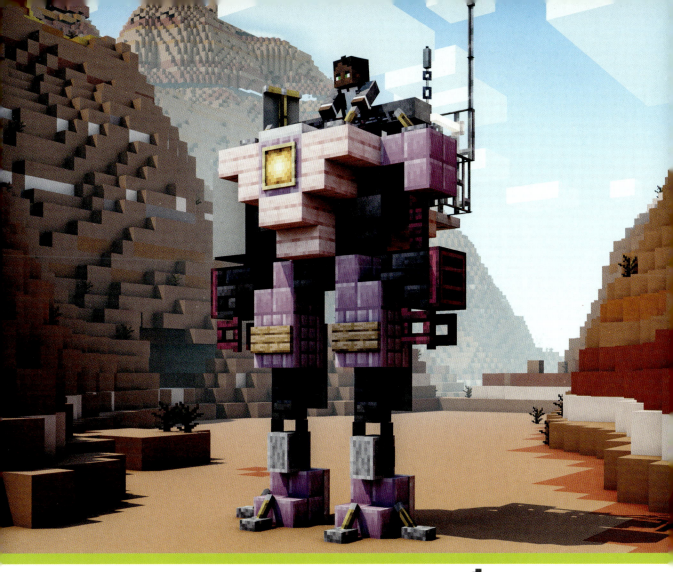

# ROBOT GUARDIÁN

76

No te dejes engañar por los agradables rosas y morados: este guardián robótico va en serio. Tal vez no pueda moverse, ¡pero a lo mejor les da un susto a tus amigos!

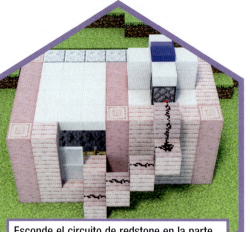

Toma una cubeta de agua de tu inventario y úsala para crear una fuente de agua.

Construye la parte superior con diez losas de cuarzo y coloca un pistón debajo de una de ellas.

Esconde el circuito de redstone en la parte trasera del edificio. Cuando tires de la palanca del baño, se activará el mecanismo y empezará a caer agua.

Pon una antorcha de redstone a un bloque del pistón.

La mampara de la ducha puedes hacerla con paneles de cristal tintados de blanco.

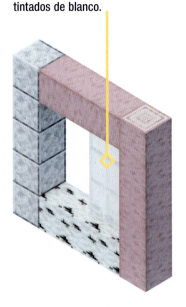

La palanca del cuarto de baño activa y desactiva el flujo de agua.

Deja un agujero en el suelo de la ducha. ¡El agua se filtrará por él y no te inundará la casa!

Haz un camino con polvo de redstone que una el bloque en el que has puesto la palanca con la antorcha de redstone.

**CIRCUITO DE REDSTONE**

# DUCHA

Nada como empezar el día con una ducha vigorizante. Para hacer fluir el agua, este mecanismo utiliza un circuito de redstone. Pruébalo para quitarte de encima todo el polvo que has acumulado en Minecraft de tanto picar piedra.

Pica un agujero en la parte superior para que se vea que la lata está abierta.

## CONSEJO

Construir cerca de bordes no da tanto miedo en el modo Creativo: ¡puedes volar! Pero si quieres seguir construyendo en el modo Supervivencia, es recomendable poner escaleras de mano.

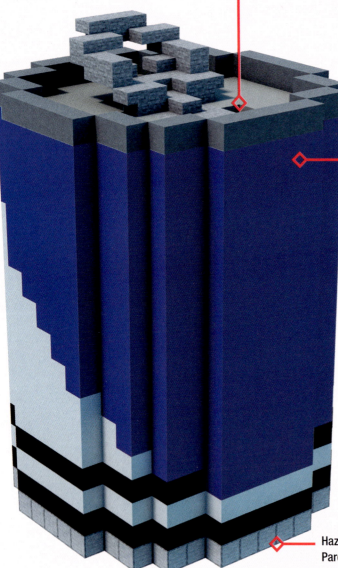

Dale rienda suelta a tu creatividad con los diseños de la lata. Usa hormigón y lana de distintos colores.

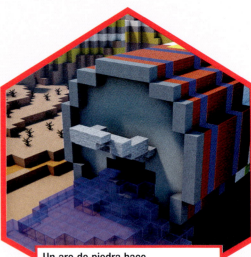

Un aro de piedra hace de anilla. ¡Alguien ha abierto esta lata!

Haz la base de piedra lisa. Parece aluminio.

# CASCADA DE REFRESCO

78

Oh, oh... A alguien se le ha caído el refresco. ¡Sería una pena si no fuera porque la bebida derramada se ha transformado en una cascada espectacular! Cuando completes esta creación, tus amigos no pararán de darte la lata para que les enseñes cómo la has hecho.

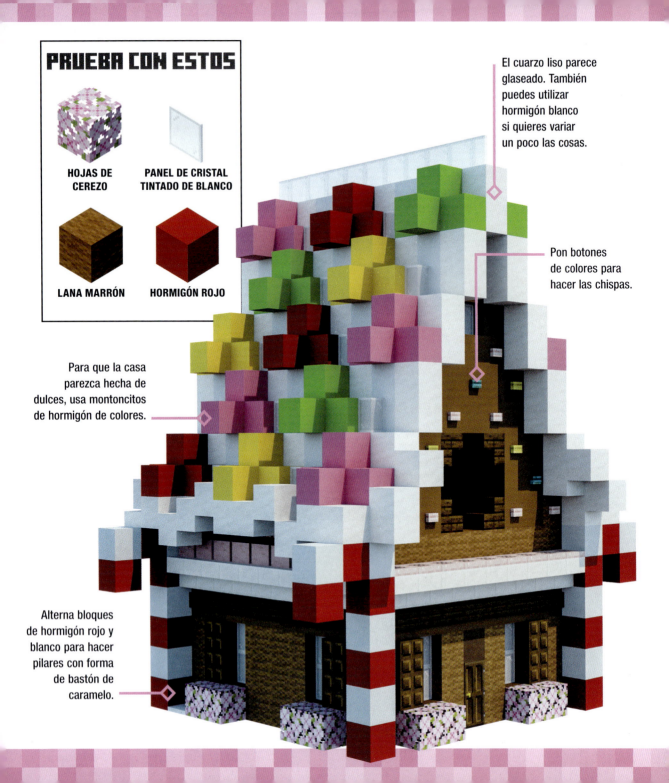

## PRUEBA CON ESTOS

**HOJAS DE CEREZO**

**PANEL DE CRISTAL TINTADO DE BLANCO**

**LANA MARRÓN**

**HORMIGÓN ROJO**

El cuarzo liso parece glaseado. También puedes utilizar hormigón blanco si quieres variar un poco las cosas.

Pon botones de colores para hacer las chispas.

Para que la casa parezca hecha de dulces, usa montoncitos de hormigón de colores.

Alterna bloques de hormigón rojo y blanco para hacer pilares con forma de bastón de caramelo.

# CASITA DE JENGIBRE

No dejes que el cuento de Hansel y Gretel te aleje de las casas de caramelo. ¡Haz tu propia casa de jengibre tranquilamente, que ninguna bruja intentará comerte! Aunque puedes llevar pociones arrojadizas... por si acaso.

## DALE OTRO TOQUE

**ALFOMBRA AMARILLA**

**CAJA DE SHULKER AMARILLA**

**TERRACOTA ACRISTALADA AMARILLA**

**TERRACOTA ACRISTALADA MARRÓN**

Las fosas nasales son de rocanegra cincelada y pulida. ¿A qué olerá tener eso en la nariz?

No olvides poner una escalera de mano para que puedas subir a la cabeza.

Usa losas deformadas para el tejado. Si prefieres que se camufle con el resto del edificio, usa bloques amarillos.

Primero, construye la jirafa con bambú sin corteza. Luego, ve reemplazando algunos bloques para hacer las manchas del pelaje.

La madera de abeto sin corteza y la de roble sin corteza sirven para los distintos tonos de las marcas.

# TORRE DE VIGILANCIA

Esta jirafa es tan alta que te ayudará a detectar cualquier amenaza desde bien lejos. Y con esos ojos tan abiertos que tiene, parece que ya ha visto algo terrorífico en el horizonte.

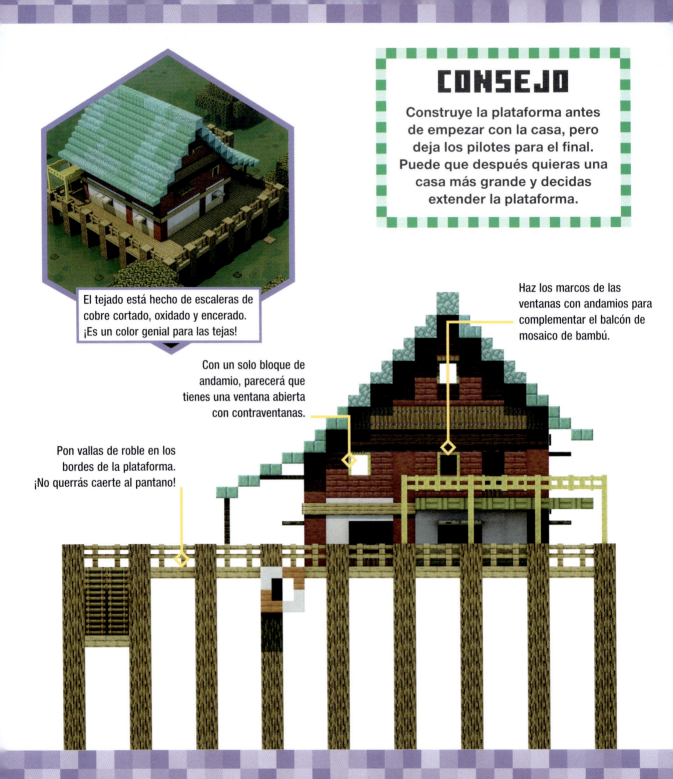

El tejado está hecho de escaleras de cobre cortado, oxidado y encerado. ¡Es un color genial para las tejas!

## CONSEJO

Construye la plataforma antes de empezar con la casa, pero deja los pilotes para el final. Puede que después quieras una casa más grande y decidas extender la plataforma.

Haz los marcos de las ventanas con andamios para complementar el balcón de mosaico de bambú.

Con un solo bloque de andamio, parecerá que tienes una ventana abierta con contraventanas.

Pon vallas de roble en los bordes de la plataforma. ¡No querrás caerte al pantano!

# CASA FLOTANTE

81

¿Te gustaría vivir cerca del agua pero sin que se te mojen los calcetines? Pues construye una casa sobre pilotes y no tendrás de qué preocuparte. Podrás disfrutar de la vida en el pantano y seguir siendo "de secano".

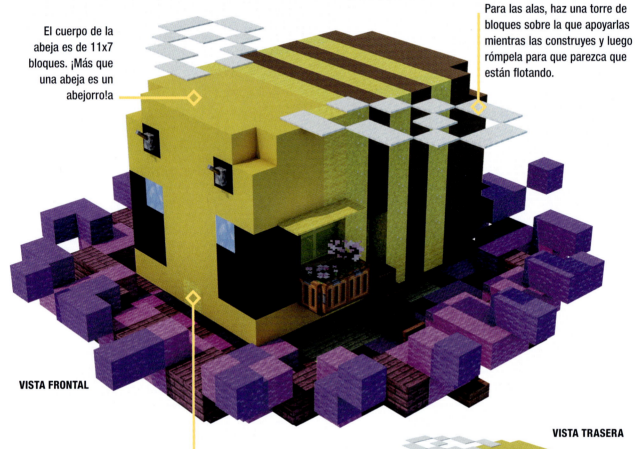

El cuerpo de la abeja es de 11x7 bloques. ¡Más que una abeja es un abejorro!a

Para las alas, haz una torre de bloques sobre la que apoyarlas mientras las construyes y luego rómpela para que parezca que están flotando.

**VISTA FRONTAL**

El cuerpo de la abeja es principalmente de hormigón amarillo, pero la boca es de lana amarilla.

**VISTA TRASERA**

Crea unas macetas de ventana con escotillas y llénalas de flores. ¿A lo mejor atraen a las abejas de Minecraft?

## PRUEBA CON ESTOS

**HORMIGÓN MARRÓN**

**POLVO DE HORMIGÓN AMARILLO**

**HIELO AZUL**

# CASA ABEJA

Seguro que tus amigos vienen zumbando cuando se enteren de que vives dentro de una abeja gigante. ¡Que no te extrañe si empiezan a pedirte miel cuando vengan a visitarte!

# DALE OTRO TOQUE

**LANA ROSA** — **SANDÍA** — **CALABAZA** — **CABEZA DE DRAGÓN** — **MINERAL DE CUARZO DE INFRAMUNDO**

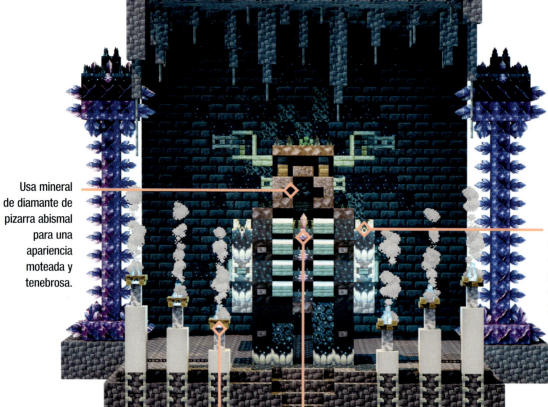

Usa mineral de diamante de pizarra abismal para una apariencia moteada y tenebrosa.

Añade aulladores de sculk para darle un aspecto adusto y afilado. ¡Puf!

Estas terroríficas antorchas usan fogatas de alma sobre paredes de diorita.

Los sensores sculk calibrados quedan muy bien en el pecho del custodio. Los bloques de arena de almas también quedarían terroríficos.

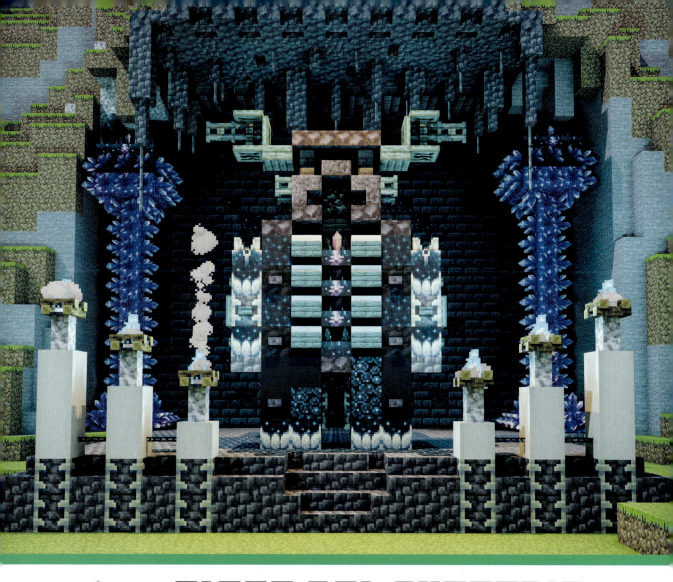

# ALTAR DEL CUSTODIO

Muéstrale respeto al custodio construyendo un altar en su honor. Llénalo todo de humo y de pinchos para hacer más amenazadora esta construcción, y luego cruza los dedos para que el verdadero custodio no venga por ti.

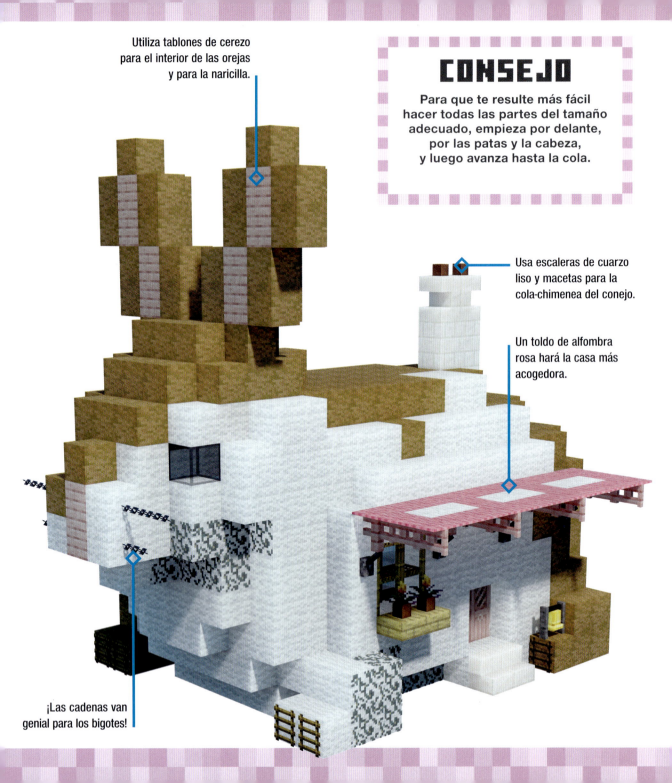

Utiliza tablones de cerezo para el interior de las orejas y para la naricilla.

# CONSEJO

Para que te resulte más fácil hacer todas las partes del tamaño adecuado, empieza por delante, por las patas y la cabeza, y luego avanza hasta la cola.

Usa escaleras de cuarzo liso y macetas para la cola-chimenea del conejo.

Un toldo de alfombra rosa hará la casa más acogedora.

¡Las cadenas van genial para los bigotes!

# CASA CONEJITO

¿Será esta la casa más adorable que existe? Si no lo es, ¡le falta poco! Tiene hasta un jardín precioso para que otras criaturas bonitas jueguen en él. Darás saltos de alegría en cuanto acabes esta construcción. ¿Qué esperas?

## CONSEJO

Construye la habitación antes de añadir los muebles y sanitarios. Así será más fácil ver dónde debería ir cada cosa.

¡Mira qué bien queda una vela puesta de lado en un marco como papel higiénico!

Las escotillas de abedul debajo de las lámparas de redstone dejarán pasar algo de luz.

El cabezal de la ducha es una vara de End, una palanca y una escotilla de roble.

Si quieres poner algo para colgar la toalla, prueba con un gancho de cable trampa.

Haz un armario de tablones de cerezo y usa señales de roble oscuro para que resalten.

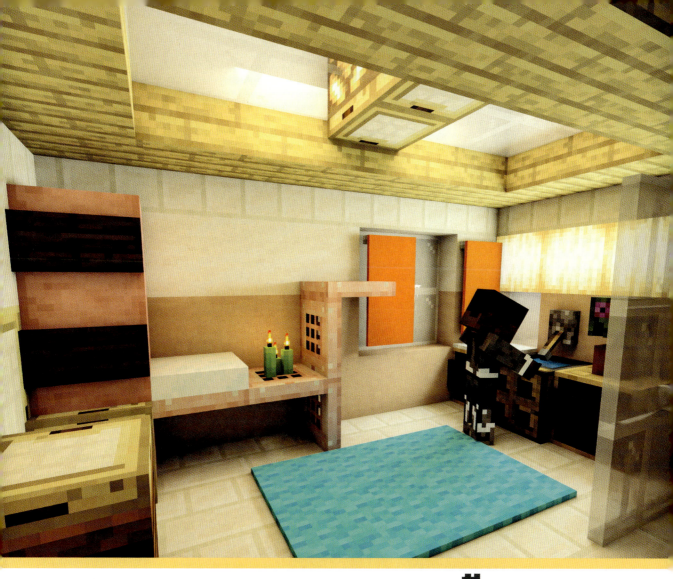

# CUARTO DE BAÑO

85

Después de pasar el día reuniendo bloques de tierra, siempre resulta genial volver a casa y encontrarse el cuarto de baño superlimpio. Añade velas y flores para que el entorno sea todavía más agradable.

# CONSEJO

La terracota acristalada puede ayudar a hacer que cualquier habitación parezca más lujosa. Prueba diseños diferentes y guarda los bloques que no vayas a usar en tu nuevo almacén.

Construye pilares con troncos de abedul sin corteza. Únelos con escaleras de abedul y pon una hilera de terracota acristalada blanca encima.

Coloca soportes para armaduras para poder exponer tus conjuntos favoritos.

Los cofres son muy útiles, pero estas cajas de Shulker añaden colores vivos a este luminoso almacén.

Usa terracota acristalada para hacer una alfombra con patrones.

# ALMACÉN PRÍSTINO

¡Hora de ordenar! No basta con dejar todas tus herramientas, los pasteles, diamantes y carne podrida tirados por el suelo en un montón. Construye un almacén inspirándote en este y no volverás a perder nada.

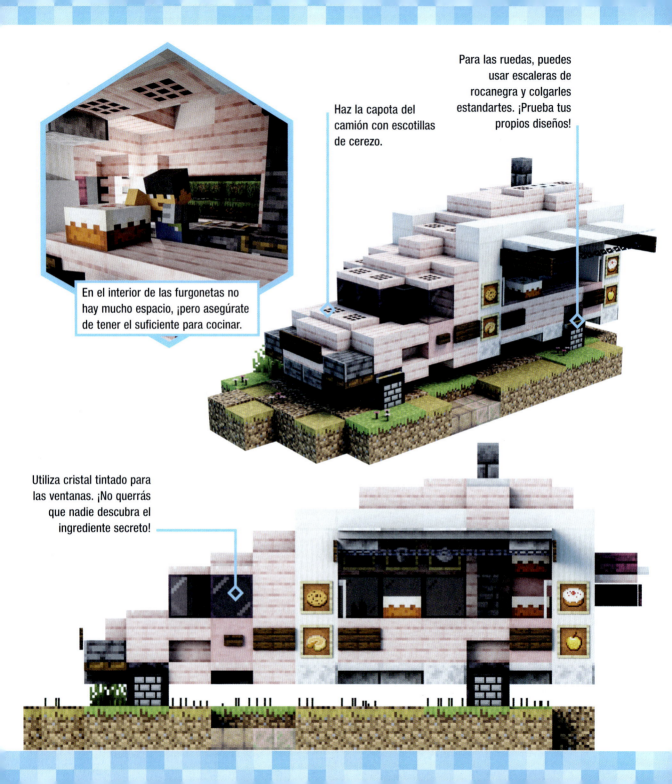

En el interior de las furgonetas no hay mucho espacio, ¡pero asegúrate de tener el suficiente para cocinar.

Haz la capota del camión con escotillas de cerezo.

Para las ruedas, puedes usar escaleras de rocanegra y colgarles estandartes. ¡Prueba tus propios diseños!

Utiliza cristal tintado para las ventanas. ¡No querrás que nadie descubra el ingrediente secreto!

# PUESTO DE COMIDA

Teniendo ruedas cuadradas, la furgoneta no llegará muy lejos, pero ¿quién iba a querer que se marchara cuando venden galletas y pasteles deliciosos? ¡Todas las furgonetas deberían vender comida rica!

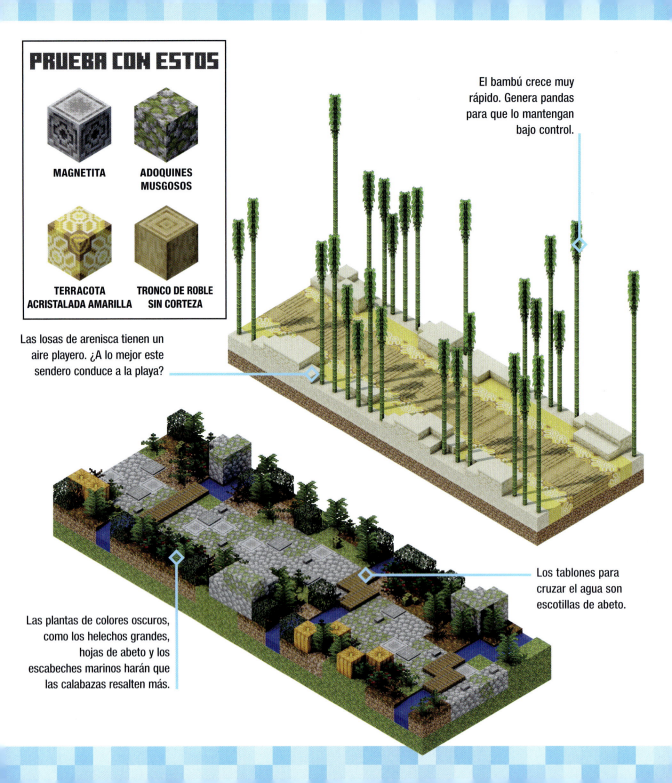

## SENDEROS SOBRESALIENTES

Disfruta de la naturaleza en Minecraft paseando por senderos como estos. Verás que nadie en tu servidor se volverá a quejar de que algo está muy lejos. ¡Pero que no te roben las calabazas!

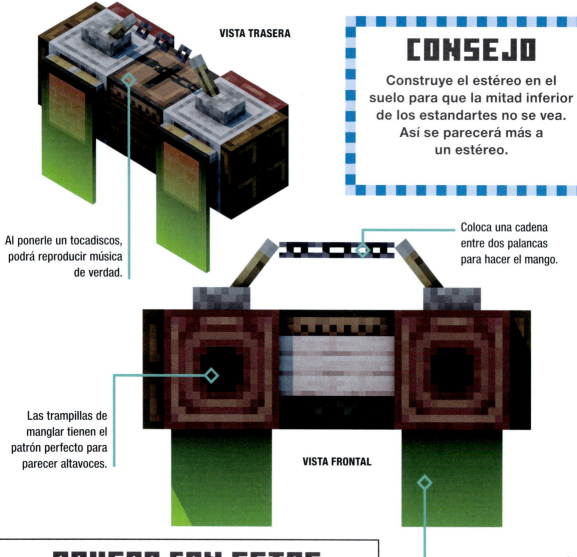

**VISTA TRASERA**

## CONSEJO

Construye el estéreo en el suelo para que la mitad inferior de los estandartes no se vea. Así se parecerá más a un estéreo.

Al ponerle un tocadiscos, podrá reproducir música de verdad.

Coloca una cadena entre dos palancas para hacer el mango.

Las trampillas de manglar tienen el patrón perfecto para parecer altavoces.

**VISTA FRONTAL**

Usa tus propios diseños de estandarte.

## PRUEBA CON ESTOS

**PALANCA**

**SEÑAL DE ROBLE OSCURO**

**POLVO DE HORMIGÓN NEGRO**

**MAGNETITA**

# ESTÉREO PORTÁTIL

Coleccionar discos de música para el tocadiscos es una de las partes más divertidas de Minecraft, pero todo buen amante de la música sabe que necesitas buen equipamiento para disfrutarla a tope, así que prueba a construir el tuyo propio.

## CONSEJO

Mezcla losas y escotillas de manglar sobre las velas. ¡Harán que el barco parezca más resistente y listo para la batalla!

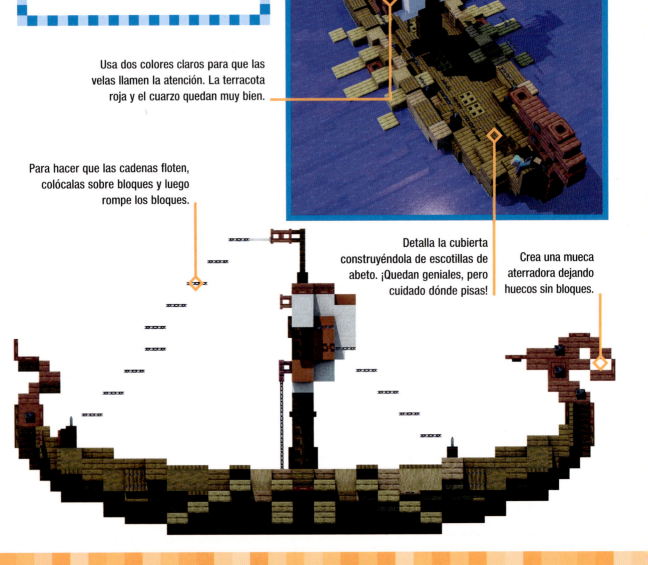

Usa dos colores claros para que las velas llamen la atención. La terracota roja y el cuarzo quedan muy bien.

Para hacer que las cadenas floten, colócalas sobre bloques y luego rompe los bloques.

Detalla la cubierta construyéndola de escotillas de abeto. ¡Quedan geniales, pero cuidado dónde pisas!

Crea una mueca aterradora dejando huecos sin bloques.

# BARCO VIKINGO

90

¿Alguna vez te has puesto una gran barba en Minecraft y te han entrado ganas de tener un barco que haga juego? ¡Pues sube a bordo! Con tanto detalle, te resultará difícil encontrar un barco vikingo mejor que este. Y hay espacio de sobra para la tripulación.

Crea una bandera con una mezcla de tablones y losas de manglar.

Las vallas de roble en el borde de las aspas son un buen toque.

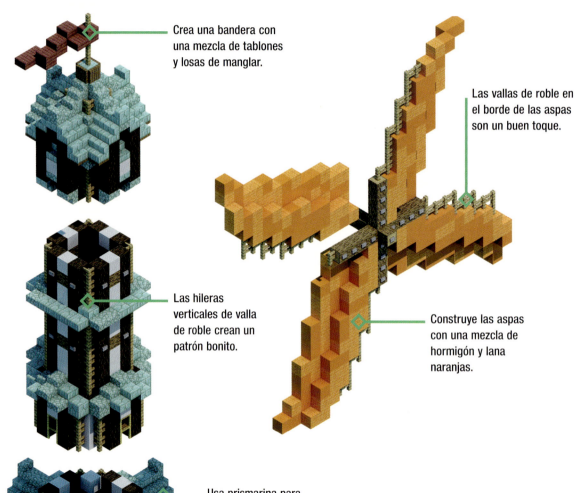

Las hileras verticales de valla de roble crean un patrón bonito.

Construye las aspas con una mezcla de hormigón y lana naranjas.

Usa prismarina para que el tejado contraste con las aspas naranjas.

## DALE OTRO TOQUE

|  |  |  |
|---|---|---|
| **ARENA DE ALMAS** | **OBSIDIANA LLOROSA** | **BLOQUE DE HUESO** |

91

# MOLINO DE VIENTO

Los visitantes de tu servidor se quedarán alucinados al ver este gigantesco y detallado molino. Usa colores vivos para que no pase desapercibido con el entorno y no tengas que andar dando vueltas para orientarte.

Mezcla hojas de roble y de jungla para una cubierta frondosa.

Haz la parte de arriba con fogatas y apágalas con una cubeta de agua.

Usa linternas y linternas de alma para hacer la construcción más colorida.

¡Los jardines no quedan igual sin adoquines musgosos!

Esta mesita es en realidad un andamio. Ponle encima una maceta con un brote de cerezo.

## PRUEBA CON ESTOS

**HOJAS DE AZALEA FLORECIDA**    **ANDAMIO**    **AMAPOLA**

# PÉRGOLA PERFECTA

92

Si te gusta pasar el rato en el jardín, te encantará esta preciosa pérgola. Es una construcción sencilla para rodearte del verdor de Minecraft. Ponte los guantes de jardinería y empieza a construir.

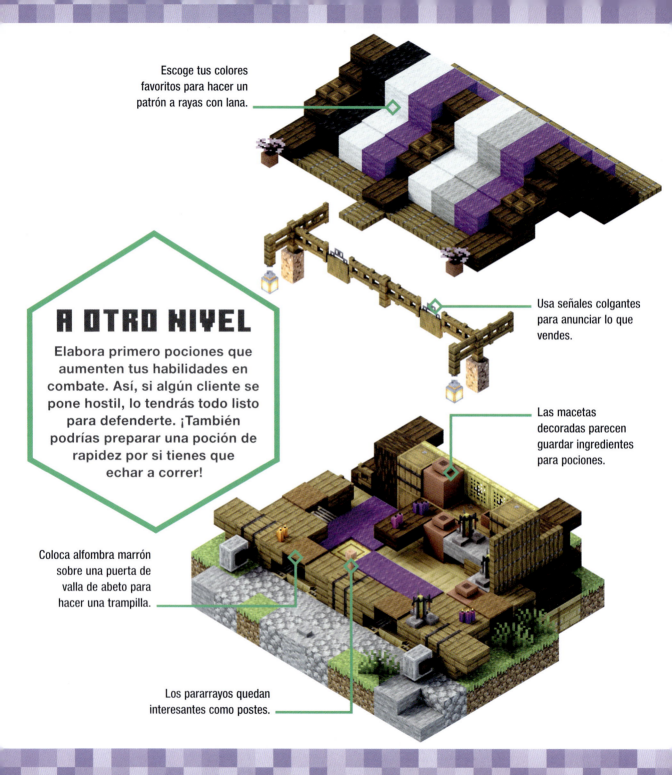

Escoge tus colores favoritos para hacer un patrón a rayas con lana.

Usa señales colgantes para anunciar lo que vendes.

## A OTRO NIVEL

Elabora primero pociones que aumenten tus habilidades en combate. Así, si algún cliente se pone hostil, lo tendrás todo listo para defenderte. ¡También podrías preparar una poción de rapidez por si tienes que echar a correr!

Las macetas decoradas parecen guardar ingredientes para pociones.

Coloca alfombra marrón sobre una puerta de valla de abeto para hacer una trampilla.

Los pararrayos quedan interesantes como postes.

## PUESTO DE POCIONES

Si quieres vender tus pociones, atrae a tus compradores con este puesto tan bonito. Con este aspecto tan profesional, seguro que nadie se queja de tus precios. ¡Pero no vayas a dar demasiadas muestras de veneno o puede que los compradores no vuelvan!

# DALE OTRO TOQUE

**BLOQUE DE REDSTONE**

**MINERAL DE ORO DEL INFRAMUNDO**

**BLOQUE DE CORAL DE CEREBRO**

**TERRACOTA ACRISTALADA MORADA**

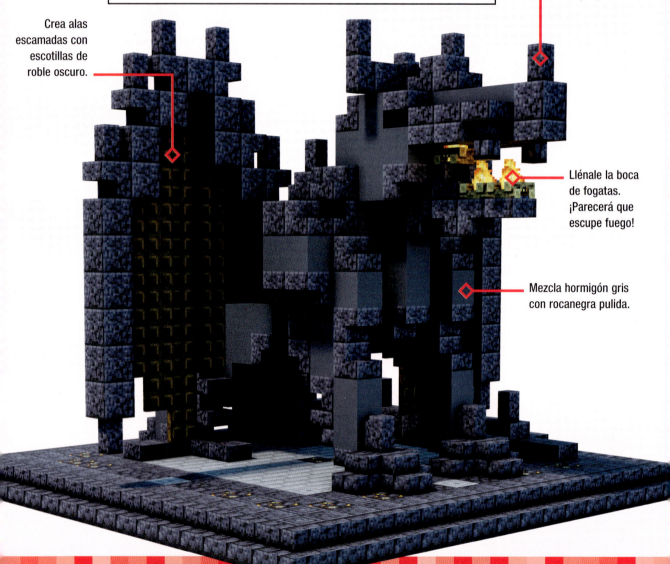

Crea alas escamadas con escotillas de roble oscuro.

No olvides los cuernos de rocanegra pulida.

Llénale la boca de fogatas. ¡Parecerá que escupe fuego!

Mezcla hormigón gris con rocanegra pulida.

# DRAGÓN DE FUEGO

¿Te gustaría que la dragona del End viviera en la superficie? ¡Vaya, eres muy valiente! Pero a lo mejor es más seguro construir una linda estatua con forma de dragón. ¡Cuidado con el fuego!

## DALE OTRO TOQUE

**CRISTAL TINTADO DE AZUL**

**BLOQUE DE ORO**

**ARENA DE ALMAS**

**INFIEDRA**

**VISTA DE PÁJARO**

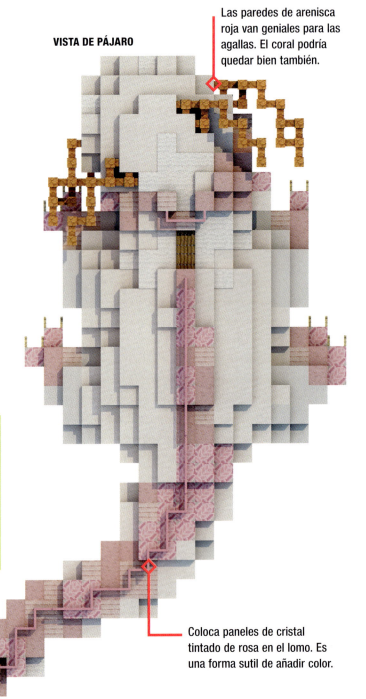

Las paredes de arenisca roja van geniales para las agallas. El coral podría quedar bien también.

Coloca paneles de cristal tintado de rosa en el lomo. Es una forma sutil de añadir color.

Las señales colgantes y las macetas con plantas le dan más carácter al interior, pero sin ocupar demasiado espacio.

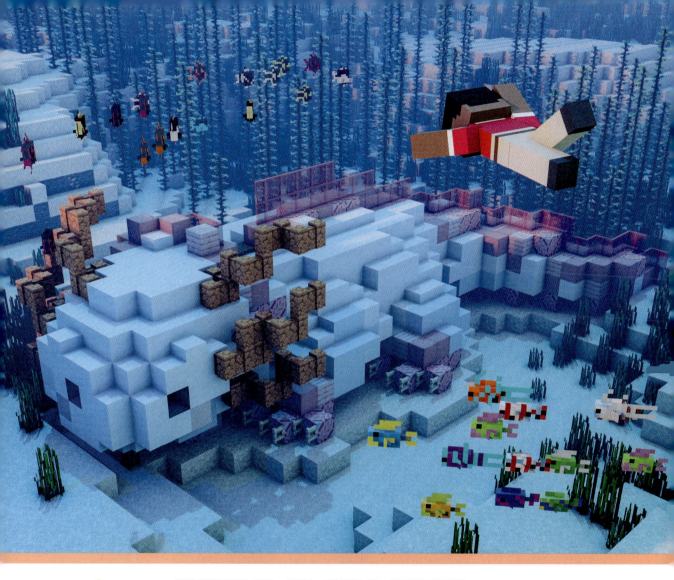

# CASA AJOLOTE

Una de las criaturas más lindas de las cuevas de Minecraft puede servir de musa para una casita submarina. Y no te preocupes si te gustan las casas grandes: esta construcción es mucho más grande que la criaturita adorable en la que se inspira.

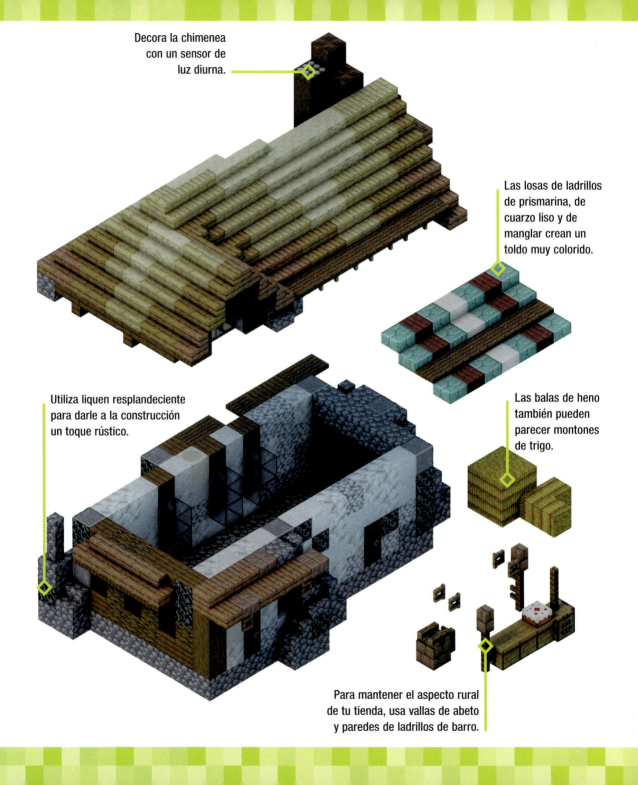

Decora la chimenea con un sensor de luz diurna.

Las losas de ladrillos de prismarina, de cuarzo liso y de manglar crean un toldo muy colorido.

Utiliza liquen resplandeciente para darle a la construcción un toque rústico.

Las balas de heno también pueden parecer montones de trigo.

Para mantener el aspecto rural de tu tienda, usa vallas de abeto y paredes de ladrillos de barro.

# PANADERÍA DE PUEBLO

¿Te has empanado del aburrimiento? ¡Pues sacúdetelo construyendo esta increíble panadería! Seguro que se te pasa vendiendo panes y pasteles.

# A OTRO NIVEL

Puede que dos sillones no sean suficientes. ¿Y si vienen más amigos a verte? No te cortes con la cantidad y dale al coco para ver qué otras plantas puedes transformar en asientos.

Pon cojines de alfombra de musgo. Tiene pinta de ser cómoda.

Usa alfombra cian, terracota acristalada marrón y tablones de jungla para crear este diseño.

Los bloques de terracota combinan con el ambiente natural de la habitación.

# HABITACIÓN NATURAL

97

No hace falta irse de campamento a un bosque lleno de arañas para disfrutar de la naturaleza. Construye una casa con bloques de colores terrosos y plantas para un hogar natural y sin insectos a la vista...

Para darle un aspecto moteado, coloca cristal tintado de verde entre los de lana y hormigón verdes.

Construye un anillo de losas de prismarina oscura alrededor del caparazón para darle más detalle. ¡Estas tortugas tienen estilo!

Coloca el caparazón sobre una capa de arenisca lisa.

## CONSEJO

Para practicar la forma, construye las crías de tortuga primero. Como son más pequeñas, será más fácil arreglar los errores. Así no te costará nada cuando construyas las grandes.

Las patas están hechas con tablones de abedul. Haz que sean pequeñas y rechonchas para que solo se asomen un poquito por debajo del caparazón.

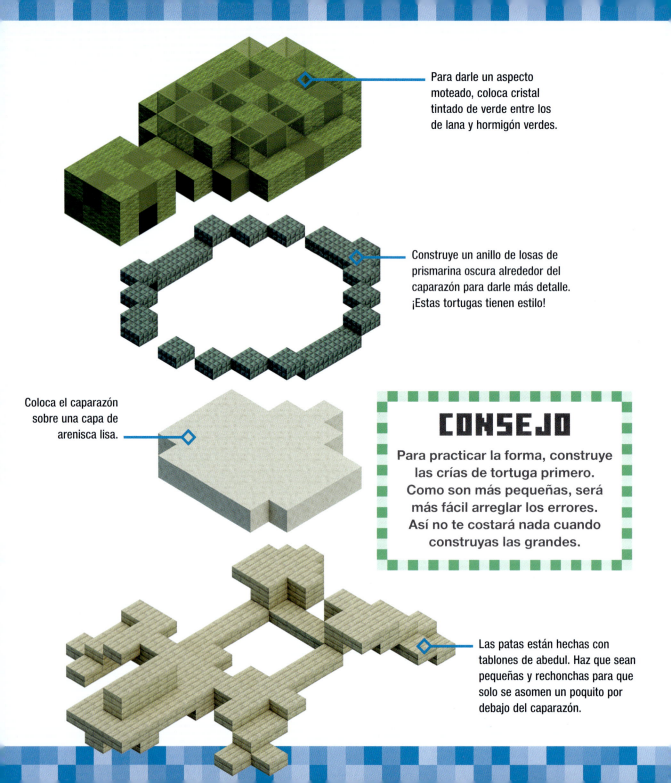

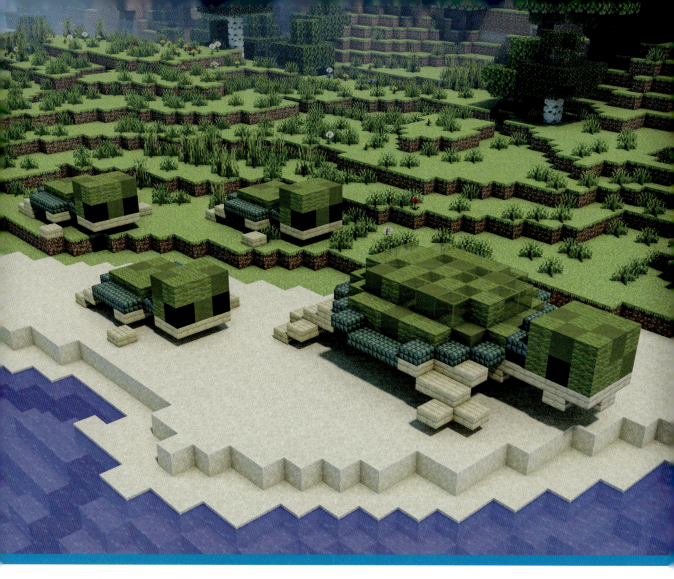

# FAMILIA DE TORTUGAS

Para dominar la construcción en Minecraft, hay que hacer las cosas sin prisa pero sin pausa. Igual que esta adorable familia de tortugas. ¿Y a quién no le gustaría encontrárselas mientras busca caracolas en la playa?

Crea una flor colocando paneles de cristal tintado alrededor de un bloque de cristal del mismo color con unas velas encima.

# A OTRO NIVEL

Si te parece que los nenúfares están un poco solos, ¿por qué no construyes unas ranitas? O incluso podrías generarlas. Cuantos más compañeros de estanque haya, mejor. ¡Hay que poblar estos nenúfares gigantes!

Usa terracota verde lima y terracota verde para este efecto bicolor.

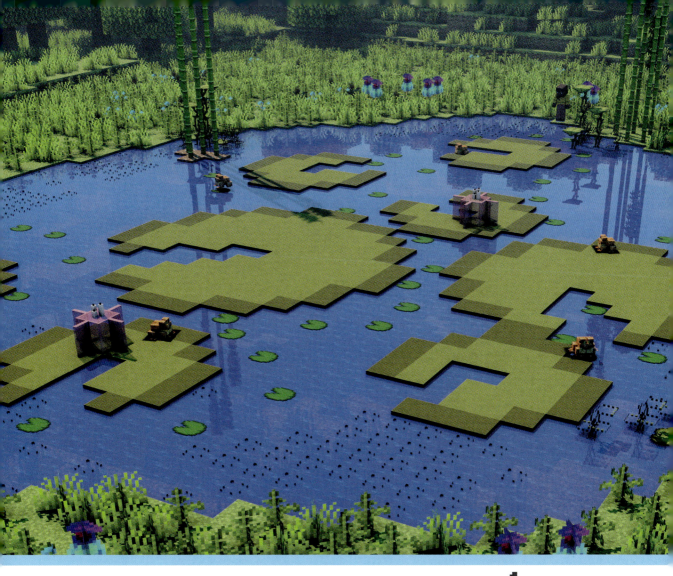

## ESTANQUE CON NENÚFARES

¿Por qué solo las ranas iban a divertirse saltando de nenúfar en nenúfar? Constrúyete tu propio estanque con hojas gigantes y croa a tus anchas. (Croar es opcional, pero te lo recomiendo).

## CONSEJO

Empieza siempre por las ruedas, porque son las únicas partes que tocan el suelo. Así te resultará más fácil construir el resto del vehículo.

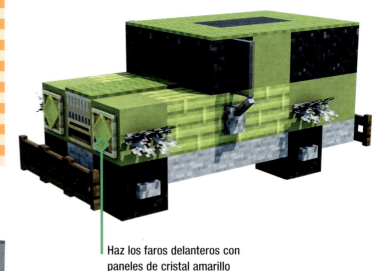

Haz los faros delanteros con paneles de cristal amarillo en marcos. ¡Brillante!

Cuelga las cadenas de bloques. Luego rómpelos para que las cadenas floten.

Usa cuatro escaleras de rocanegra para hacer las imponentes ruedas de este todoterreno.

# VEHÍCULOS TODOTERRENO

No dejes que un obstáculo de nada, como que los vehículos no funcionen de verdad en Minecraft, te impida disfrutar de estos todoterrenos. Lo que les falta en movilidad, les sobra en estilo.

101

# CASTILLO DE ARENA

En Minecraft no hay que preocuparse por la marea, así que tómate tu tiempo para construir este sensacional castillo de arena. Luego paséate por las almenas como si fueran tuyas... ¡porque lo son!

# A OTRO NIVEL

No querrás dormir en estas tiendas en el modo Supervivencia, a no ser que añadas más paredes. ¡Y recuerda hacerlo antes de que se ponga el sol!

Pon asientos alrededor de la fogata. Si necesitas mucho espacio para sentarte, podrías hacer una hoguera más grande.

Construye postes a cada lado de la tienda. Cuanto más altos sean, más grande podrás hacer la tienda.

Pon una cadena en el pico para que parezca que está bien asegurada.

El bambú combina muy bien con la lana amarilla.

Coloca palancas mirando hacia adentro para que la tienda tenga una forma más triangular.

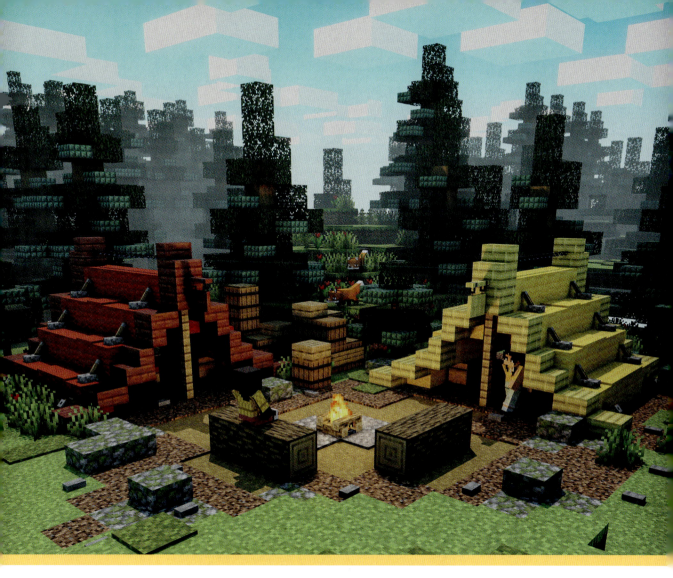

# CAMPAMENTO

Aaah... ¿Hay algo más relajante que acampar en los bosques de Minecraft? Bueno, están repletos de arañas y zombis, así que puede que relajante no sea la palabra... Construye este campamento para un viaje inolvidable.

Usa hormigón blanco con estandartes blancos para unos armarios de cocina elegantes.

Este fregadero tan cool es un gancho de cable trampa colocado sobre un caldero.

Pon un raíl activador sobre un horno para hacer una parrilla.

Coloca un estandarte con un patrón de cuadrados sobre un bloque de terracota cian.

Usa abanicos de coral de fuego muertos para hacer una alfombra peluda.

## CONSEJO

Tener todos los ingredientes en la encimera es útil, pero siempre viene bien construir almacenamiento adicional. Quién sabe cuándo tendrás que cocinar un banquete.

La parte inferior del estandarte atraviesa el suelo.

**ARMARIO**

# COCINA CON ESTILO

**103**

Prepara comida deliciosa a tu antojo en esta cocina moderna. Tiene espacio de sobra para guardar la carne, las verduras, ¡y los pasteles! Así ya no pasarás hambre mientras construyes.

Pon algunas velas negras. Te vendrán bien por las noches.

Coloca escotillas deformadas para darle más detalle al arco.

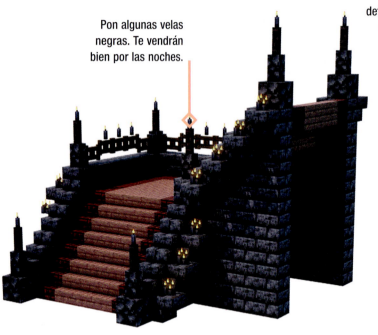

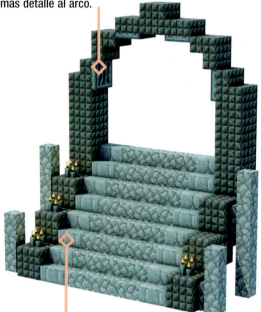

Desperdiga paneles de cristal por el pasamanos. Esta construcción no tiene por qué ser simétrica.

Combina distintos tipos de prismarina para una apariencia unificada.

## A OTRO NIVEL

¿A qué impresionante lugar conducirán estos peldaños? ¿Por qué no a un templo en las profundidades del océano iluminado por linternas del mar o a una base submarina oculta por las algas del fondo marino?

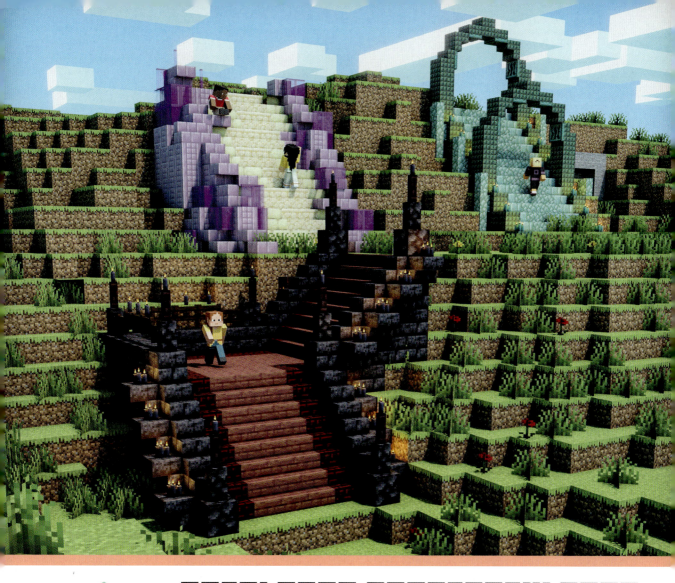

# ESCALERAS ESPECTACULARES

Si te cansa subir las mismas escaleras aburridas todos los días, es hora de subirse el listón y crear algo nuevo. Ni siquiera los pies más protestones se opondrán a subir por estas escaleras llenas de estilo.

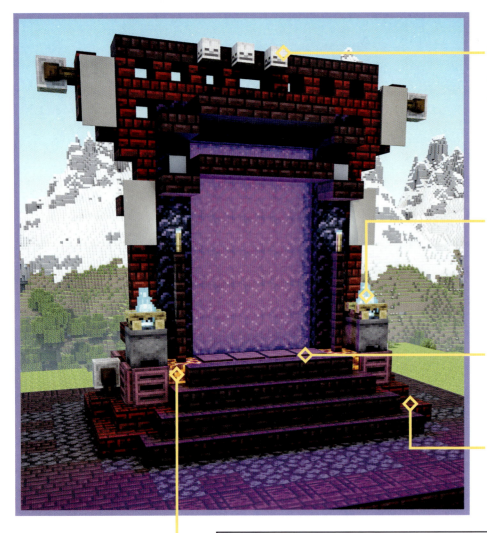

Decorar el portal con calaveras de esqueletos Wither hará que se vea más aterrador.

Usa fogatas de almas. Sus llamas azules crean una atmósfera horripilante.

¡Coloca una hilera de platos de presión carmesí para que te guíen a los peligros que aguardan al otro lado!

Empieza a construir por los cimientos de escaleras de inframundo rojas.

Utiliza bloques de magma como guiño a la dimensión ardiente que te espera.

## PRUEBA CON ESTOS

**PIEDRA DE AFILAR**

**ESCOTILLA CARMESÍ**

**ESTANDARTE GRIS CLARO**

**CALDERO**

## PORTAL AL INFRAMUNDO

¿Te atreves a visitar el inframundo? Construir este increíble portal a una de las dimensiones más peligrosas de Minecraft es la parte fácil. Esquivar a las criaturas hostiles que acechan allí es el verdadero desafío.

Usa hormigón negro para las manchas del panda. Las paredes no hace falta que sean blandas.

# A OTRO NIVEL

Construye una torre alta junto al castillo inflable para poder saltar desde ahí. Luego genera un montón de pandas juguetones para que se diviertan saltando contigo. ¡Ojo con sus estornudos!

Para que rebotes, esconde bloques de limo debajo de alfombras.

Añade paneles de cristal tintado para que las criaturas hostiles no te ataquen por sorpresa.

Utiliza hormigón blanco para un acabado liso.

# CASTILLO INFLABLE PANDA

Si sueñas con saltar y saltar como si fueras un panda de Minecraft, entonces, a ver si osas construir este proyecto. ¡Invita a tus amigos y seguro que se forma un buen «pandamónium»!

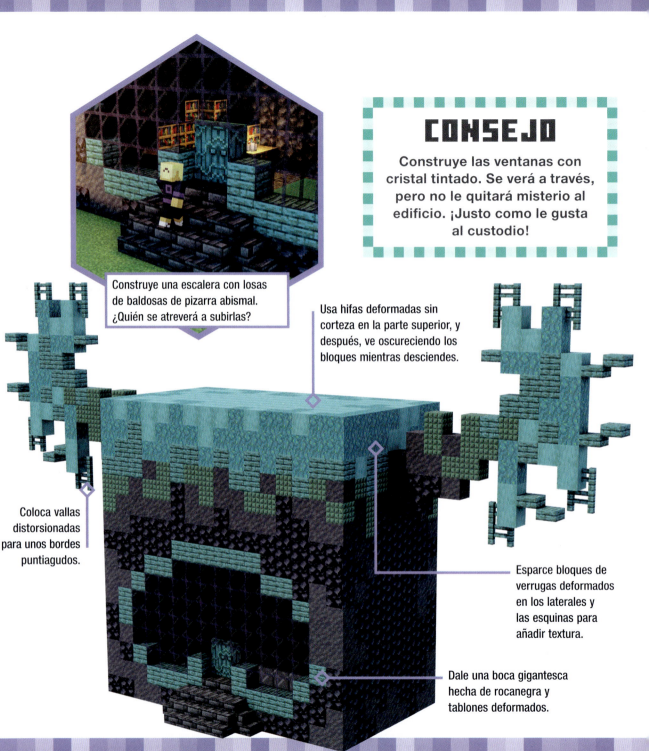

## CONSEJO

Construye las ventanas con cristal tintado. Se verá a través, pero no le quitará misterio al edificio. ¡Justo como le gusta al custodio!

Construye una escalera con losas de baldosas de pizarra abismal. ¿Quién se atreverá a subirlas?

Usa hifas deformadas sin corteza en la parte superior, y después, ve oscureciendo los bloques mientras desciendes.

Coloca vallas distorsionadas para unos bordes puntiagudos.

Esparce bloques de verrugas deformados en los laterales y las esquinas para añadir textura.

Dale una boca gigantesca hecha de rocanegra y tablones deformados.

# CABEZA DE CUSTODIO

**107**

Que no te sorprenda cuando tus amigos vengan en tromba a pasar el rato a esta casa tan hermosa. Pero ojo: si la construyes en la oscuridad profunda, ¡una fiesta ruidosa podría atraer al verdadero custodio! ¿Quién se apunta para jugar con él al escondite?

# A OTRO NIVEL

Esta casa está un poco solitaria. Ya que estás, ¿por qué no construir una caseta con forma de cría de oso polar a su lado? Así tendrás un sitio para guardar todas tus herramientas árticas. ¡Genial!

Una cama de un color llamativo rodeada de alfombras resaltará contra el blanco níveo de la casa.

Usa cristal tintado de blanco para unas ventanas escarchadas.

Las escaleras de cuarzo liso llevan a la puerta principal.

Utiliza rocanegra pulida para el hocico y las garras. ¡Te ayudará a encontrar tu construcción en la nieve!

# CASA OSO POLAR

**108**

Refúgiate del frío en esta adorable morada. Tiene todo lo que necesitas para adentrarte en páramos helados: una cama calentita y espacio para guardar todo lo que pesques. ¡Pasa, antes de convertirte en un cubito de hielo!

## DALE OTRO TOQUE

**BLOQUE DE COBRE**

**BLOQUE DE HIERRO**

**BLOQUE DE TIERRA**

**BLOQUE DE DIAMANTE**

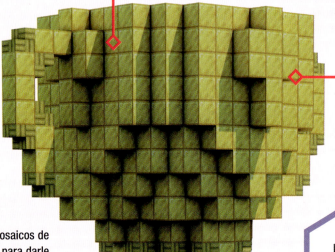

Necesitarás muchos bloques de oro para un trofeo así de alto.

Reserva el oro para el exterior, pero deja hueco el interior. ¿Crees que podría servir de piscina?

Añade mosaicos de bambú para darle un sombreado más profundo.

## A OTRO NIVEL

Hay muchos bloques de valor en Minecraft. ¿Por qué no haces trofeos de todos ellos? ¡Así podrás tener competiciones de construcción en tu servidor y entregárselos a los afortunados ganadores!

La magnetita de las esquinas le dará un aspecto más lujoso.

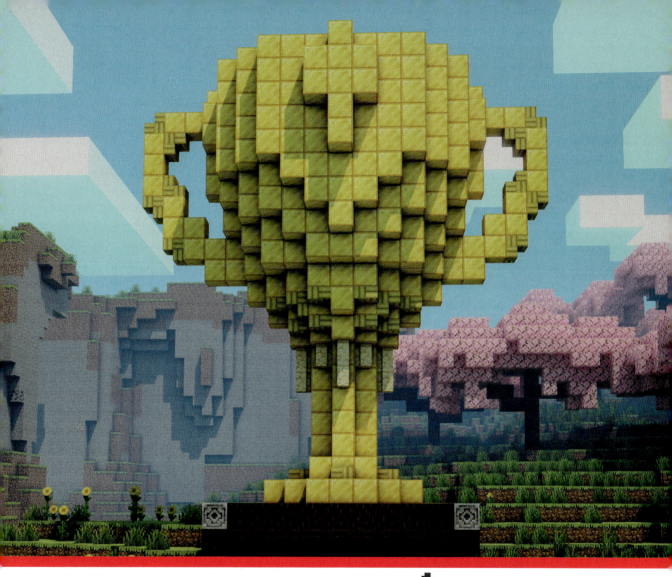

# TROFEO TITÁNICO

109

¿Por qué intentar ganar una competencia cuando te puedes construir un reluciente trofeo de oro? ¡Qué buena idea, merece una medalla! Pero que sea gigante.

Pon velas que coincidan con los colores del puente. Quedarán fantásticas si las enciendes al caer la noche.

## A OTRO NIVEL

Para que este puente sea más mágico, construye una olla enorme en uno de los extremos y llénalo de bloques de oro u otros tesoros. Solo tendrás que esperar a ver cuál de tus amigos es el afortunado que descubre la recompensa.

También puedes añadir plantas de colores que combinen.

Pon una capa de hormigón de colores en la base. Darán más viveza a los colores a través del cristal tintado.

## PUENTE ARCOÍRIS

110

Este alucinante puente le dará alegría a tu servidor de Minecraft. Rebosa color entre los bloques, las velas, las gemas y las flores. Construye esta maravilla y disfruta del arcoíris sin necesidad de mojarte bajo la lluvia.

Para un aspecto antiguo y descuidado, reparte hojas de manglar y enredaderas por las murallas.

Construye una caseta tétrica. ¡Podrás encerrar en ella a los monstruos que sean tan tontos como para asaltar el castillo!

Añade abanicos de coral de cuerno muertos para indicar que el lugar es peligroso.

# CASTILLO

El primer castillo que se construye en Minecraft no se olvida nunca, ¡a no ser que salgas a explorar y olvides dónde lo habías construido! Con sus murallas altas y gruesas, es una buena defensa contra criaturas hostiles, así que mejor que no lo pierdas.

## PRUEBA CON ESTOS

 **LADRILLOS DE PIEDRA**

 **ADOQUÍN**

 **PUERTA DE VALLA DE ABETO**

 **TRAMPILLA DE ABETO**

Recorta la hierba del tejado de vez en cuando para que no parezca que el lugar está abandonado.

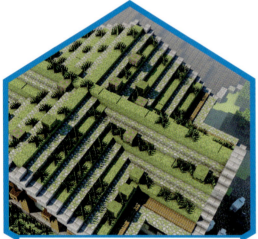

Cubre el tejado con musgo, losas de adoquines musgosos y hojas de azalea florida para que se camufle con el paisaje.

Usa madera de abeto sin corteza para los pilares y troncos de abeto para las vigas. Creará un contraste interesante.

Combina arenisca lisa y piedra de End para que la casa parezca más antigua.

Cuelga cadenas para darle al edificio un aspecto rural.

# GRANJA EN LADERA

Deléitate con las vistas del campo desde este rústico edificio. Esta casa es tan grande que hasta los animales de la granja cabrían. Podrías hacer habitaciones para las ovejas y las vacas.

Haz un lazo para el sombrero con terracota azul claro. Destacará la altura y la forma del sombrero.

Para unos inconfundibles ojos de oca, usa botones de rocanegra pulida.

Usa lana y terracota rojas para una bufanda calentita.

Las alas están hechas con tallo de champiñón. ¡Esperemos que no cojan hongos!

## CONSEJO

Empieza por las patas de hormigón y lana y ve construyendo hacia arriba hasta acabar con el sombrero de copa.

# BANDADA DE OCAS

Aunque intentar ponerle un sombrero de copa y una bufanda a una oca en la vida real suena como una de las peores ideas de la historia, esta hermosa ave nunca ha tenido un aspecto más distinguido. ¡Ahora puede hacer gansadas con estilo!

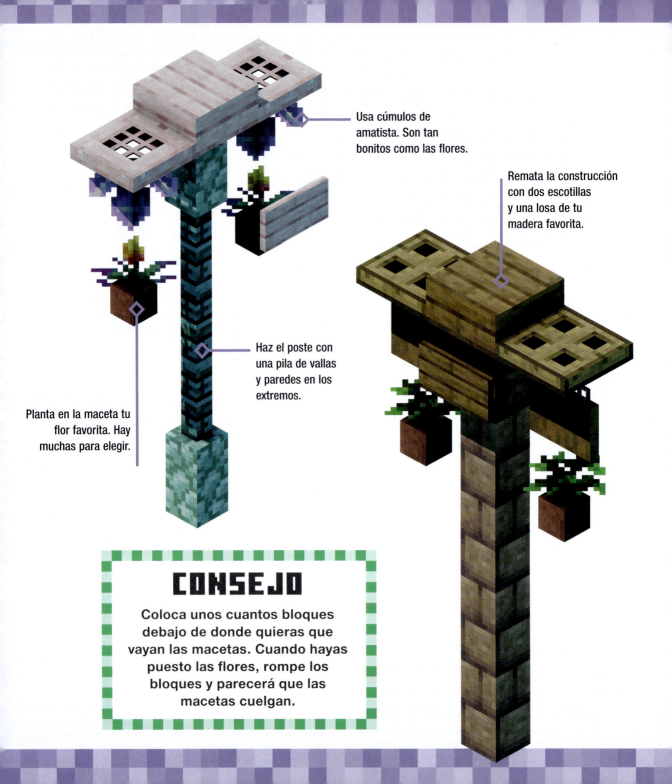

Usa cúmulos de amatista. Son tan bonitos como las flores.

Remata la construcción con dos escotillas y una losa de tu madera favorita.

Haz el poste con una pila de vallas y paredes en los extremos.

Planta en la maceta tu flor favorita. Hay muchas para elegir.

## CONSEJO

Coloca unos cuantos bloques debajo de donde quieras que vayan las macetas. Cuando hayas puesto las flores, rompe los bloques y parecerá que las macetas cuelgan.

# MACETAS COLGANTES

¿Y si las flores volaran? Es una idea de lo más interesante. Hasta que eso ocurra, ¿por qué no intentas construir estas macetas colgantes? ¡Las plantas crecen de maravilla ahí arriba!

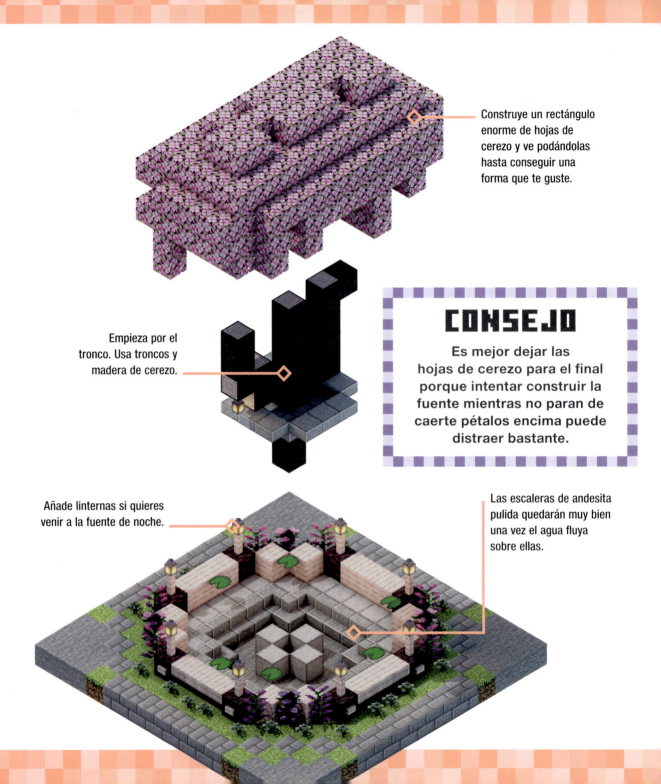

Construye un rectángulo enorme de hojas de cerezo y ve podándolas hasta conseguir una forma que te guste.

Empieza por el tronco. Usa troncos y madera de cerezo.

## CONSEJO

Es mejor dejar las hojas de cerezo para el final porque intentar construir la fuente mientras no paran de caerte pétalos encima puede distraer bastante.

Añade linternas si quieres venir a la fuente de noche.

Las escaleras de andesita pulida quedarán muy bien una vez el agua fluya sobre ellas.

# FUENTE DEL CEREZO

Dale a tu bioma un lugar precioso con esta florida fuente. Relájate bajo la copa rosada... mientras no haya Creepers merodeando cerca.

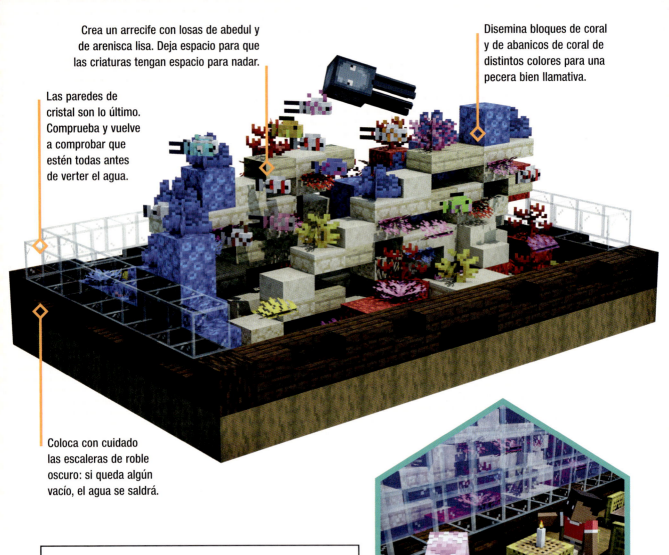

Crea un arrecife con losas de abedul y de arenisca lisa. Deja espacio para que las criaturas tengan espacio para nadar.

Disemina bloques de coral y de abanicos de coral de distintos colores para una pecera bien llamativa.

Las paredes de cristal son lo último. Comprueba y vuelve a comprobar que estén todas antes de verter el agua.

Coloca con cuidado las escaleras de roble oscuro: si queda algún vacío, el agua se saldrá.

Fabrica sillas con losas de granito pulido y escotillas de bambú. Ahora todo el mundo podrá sentarse a admirar tu obra.

## PRUEBA CON ESTOS

**LOSA DE ARENISCA**

**PEZ GLOBO**

**PEZ TROPICAL**

# ACUARIO

¿Habrá gato encerrado con esta construcción?
¡Esperemos que no, o se comerá todos los peces! Disfruta
de la vida marina de Minecraft con este enorme acuario.
¿Te atreves a meterle monstruos?

Usa escotillas deformadas para hacer contraventanas.

Las vallas mantienen a los jugadores lejos de los objetivos para evitar que hagan trampa.

### CONSEJO

Puedes poner tanto una campana como una lámpara de redstone encima del objetivo. Ambas se activarán... ¡si tienes buena puntería!

Construye una pared de hifas distorsionadas para que las flechas perdidas no salgan del recinto y no hagan daño a nadie.

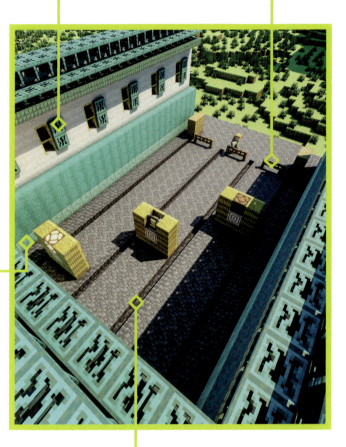

¡Cuando las flechas dan en el bloque de objetivo, se activa una señal de redstone que hace sonar la campana!

Haz hileras con escaleras de pizarra abismal empedrada para crear canaletas entre cada pista.

# CAMPO DE TIRO CON ARCO

¿Tus amigos están cansados de que siempre les des a ellos con las flechas? Puede que sea el momento de darles un descanso. Constrúyete un campo de tiro para que puedas practicar la puntería sin hacerle daño a nadie.

Usa barriles para separar las camas. ¡No querrás darle una patada a alguien mientras duermes!

Esta alfombra es rosa y magenta, pero puedes combinar los colores que prefieras.

Pon dos losas de roble encima de cada cama. Parecerán más robustas así.

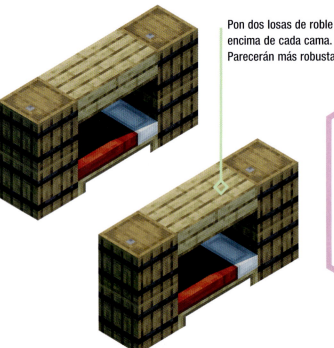

# A OTRO NIVEL

Las camas rojas están bien, ¿pero por qué no poner una cama de cada color para que todo el mundo pueda arroparse con su color favorito? Así lo único por lo que habrá que pelearse es por quién se queda con la cama de arriba.

## LITERAS

No podrás invitar a tus amigos a quedarse a dormir en tu casa de Minecraft si no tienen una cama. Con estas prácticas literas, podrán sobrevivir cómodamente a la noche. A no ser que alguien tenga pesadillas con Ghasts.

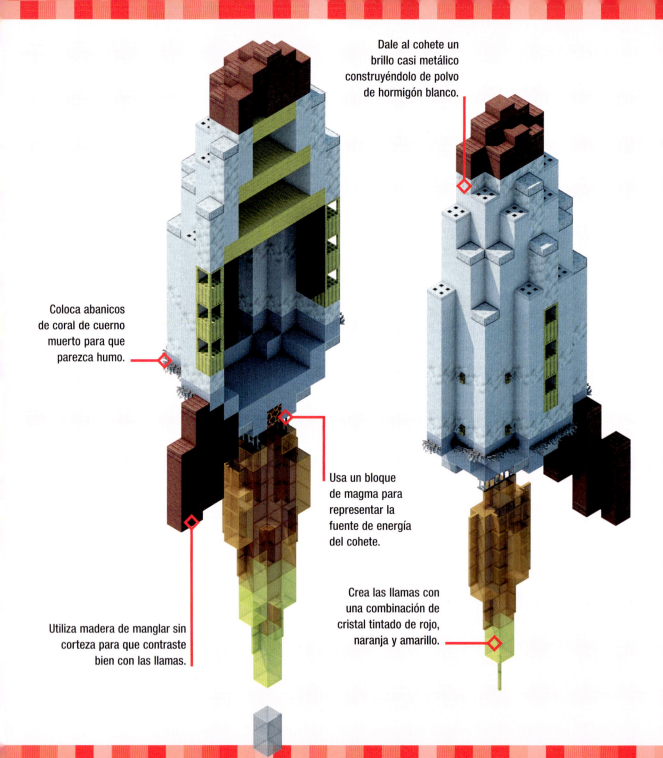

# COHETE ESPACIAL

¿Las estrellas de Minecraft son tan cuadradas como parecen de lejos? Estarás un paso más cerca de descubrirlo con esta maravillosa nave espacial. Sueña con explorar el espacio y salir de la órbita de tu mundo mientras te diviertes construyendo este cohete.

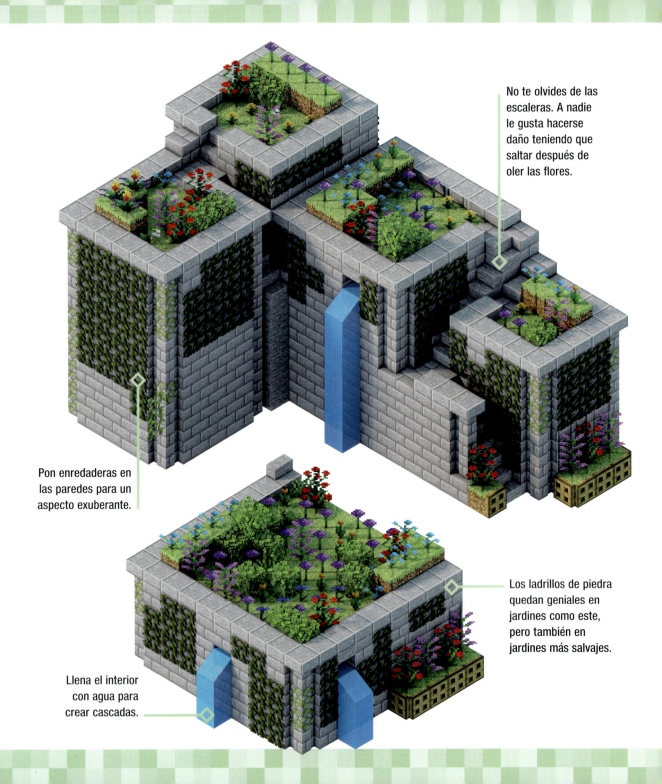

No te olvides de las escaleras. A nadie le gusta hacerse daño teniendo que saltar después de oler las flores.

Pon enredaderas en las paredes para un aspecto exuberante.

Los ladrillos de piedra quedan geniales en jardines como este, pero también en jardines más salvajes.

Llena el interior con agua para crear cascadas.

# JARDINES COLGANTES

¿Quién ha dicho que los jardines tienen que ser planos y aburridos? Estas terrazas te permiten plantar tus flores favoritas, o trigo, a distintos niveles. ¡Lo que tú prefieras!

## PRUEBA CON ESTOS

 **ESCABECHE MARINO**
 **HORMIGÓN NARANJA**
 **BLOQUE DE MUSGO**
 **VELA AMARILLA**

Construye la base de polvo de hormigón naranja. Aportará textura y más color.

Coloca varios estandartes en capas para darle más aspecto de piñata.

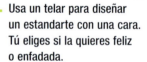

Usa un telar para diseñar un estandarte con una cara. Tú eliges si la quieres feliz o enfadada.

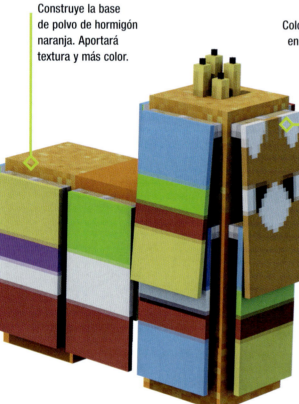

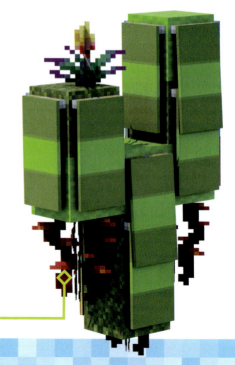

Las enredaderas lloronas parecen serpentina. ¡Tú también llorarías si te golpearan para conseguir dulces!

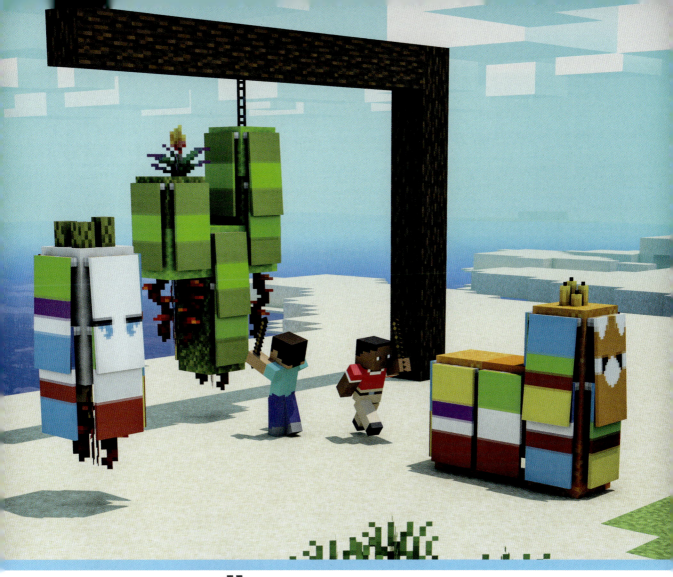

# PIÑATAS

Que tus amigos les dieran con palos a tus construcciones en cualquier otra ocasión sería bastante extraño, pero tendrá todo el sentido del mundo cuando lo hagan con estas coloridas piñatas. ¡Para eso están!

Crea las flechas de la alfombra de baile con terracota acristalada magenta. ¡Genial!

## PRUEBA CON ESTOS

**ESCOTILLA DE ROBLE OSCURO**

**TABLONES DE ABETO**

**COLMENA**

**LOSA DE DIORITA PULIDA**

**ALFOMBRA DE BAILE**

**MESA DE BILLAR**

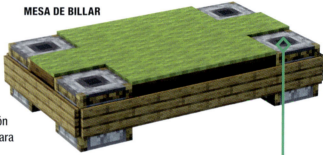

Esta cama de alfombra roja parece cómoda.

Pon un botón de piedra para el *mouse*.

Coloca ahumadores en las esquinas. Parecerán los agujeros de la mesa.

**MÁQUINAS RECREATIVAS**

Haz la pantalla con un estandarte parcialmente oculto por un bloque de hormigón rojo.

# HABITACIÓN DE JUEGO

¿Sigues jugando en una cueva abandonada? ¡Ya va siendo hora de darle a tu entorno un poco más de vida! Esta habitación es el sueño de los amantes de los videojuegos: una pantalla gigante, una alfombra de baile, juegos... ¡y una mesa de billar!

Construye el cuerpo con lana marrón y una raya de hormigón marrón.

**VISTA AÉREA**

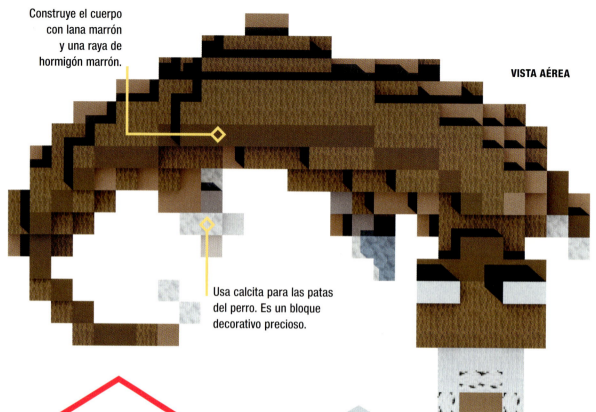

Usa calcita para las patas del perro. Es un bloque decorativo precioso.

# A OTRO NIVEL

Saca la lana naranja para transformar a este perro dormilón en un zorro soñoliento. ¿Qué otros animales harás? ¿Una anaconda adormilada? ¿Un ratón en reposo? ¿Un lirón amodorrado?

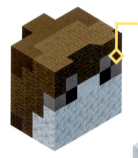

Pon bloques de terracota gris claro alrededor del hormigón negro de los ojos.

Dale un hocico adorable y pecoso con bloques de madera de abedul.

# PERRO CANSADO

Este perro tiene pinta de necesitar una siesta. Es que ser tan adorable seguro que cansa. Vas a tener que construirle una cama, pero ¡cuidado! Puede que otras criaturas tengan envidia de lo cómodo que parece estar.

**VISTA TRASERA**

## PRUEBA CON ESTOS

**HORMIGÓN VERDE**

**LANA VERDE**

**POLVO DE HORMIGÓN VERDE**

Crea unas rayas serpenteantes para que la sandía parezca esférica y más realista.

Usa lana y polvo de hormigón rojos para la parte comestible.

Utiliza hormigón negro para simular las semillas.

Haz hendiduras estrechas para las ventanas. ¡Que entre la luz!

Las jardineras están hechas de un bloque de hierba con cuatro escotillas de abeto.

**VISTA FRONTAL**

## CASA SANDÍA

124

Si lo que buscas es una casa dulce y refrescante, dale forma de sandía. Entre las rayas y los colores, no le falta estilo. Se hace agua la boca con solo mirarla, ¡pero recuerda que no es comestible!

Coloca cuatro camas juntas para hacer la sombrilla. ¡Ideal para echarse una siesta en medio del proyecto!

## A OTRO NIVEL

Encuentra una isla alejada de todo y pon allí unas cuantas sombrillas y sillas de playa. Será el inicio de tu hotel a pie de playa. ¡Luego invita a tus amigos, y a pasarlo en grande!

Empieza por los tablones de madera de cerezo y añade las sillas después.

Usa escaleras de manglar para los cojines y rodéalas de escotillas y señales.

# SOMBRILLAS PLAYERAS

125

Cuando te pasas el día explorando cuevas en Minecraft, es fácil olvidarse hasta cómo se ve el sol. Para solucionarlo, date unas vacaciones con estos bártulos para disfrutar de la playa.

Prueba a usar vallas de abedul para el entramado del tejado.

El cubo del pozo es un caldero al final de una cadena. Es buena idea, ¿verdad?

Detalla la obra con distintos tipos de arenisca.

Las paredes de arenisca aportan más textura al pozo.

## DALE OTRO TOQUE

|  |  |  |  |
|---|---|---|---|
| **VALLA DE JUNGLA** | **PARED DE LADRILLOS** | **ESCALERAS DE LADRILLOS** | **BOTÓN DE JUNGLA** |

## POZO SOFISTICADO

A no ser que tu deseo fuera tener el pozo más maravilloso del servidor, este pozo no concede deseos. Eso sí, si lo construyes, no habrá nadie en Minecraft que saque agua con más elegancia que tú.

Coloca cristal tintado alrededor de las linternas del mar colgadas de cadenas para crear lámparas.

## A OTRO NIVEL

Una luz tenue le dará a tu habitación un ambiente más íntimo y agradable. Pero si quieres subir la iluminación, añade más velas a la mesa. Y si no te parece suficiente, puedes reemplazar los armarios de la pared por ventanas.

Usa varas de End como lámparas de mesa. Emiten una preciosa luz blanca.

Los abanicos de coral de burbujas quedan bien como platos, pero no es nada fácil comer de ellos.

Estas sillas de losas de acacia tienen una escotilla para el respaldo y una señal y una valla en sendos lados. ¡Parecen cómodas!

# COMEDOR

¿Quieres invitar a cenar en Minecraft a tus amigos? Haz que sea un momento memorable construyendo un interior perfecto para dar un banquete. ¡Pero no hagas esperar a los invitados, que tienen hambre!

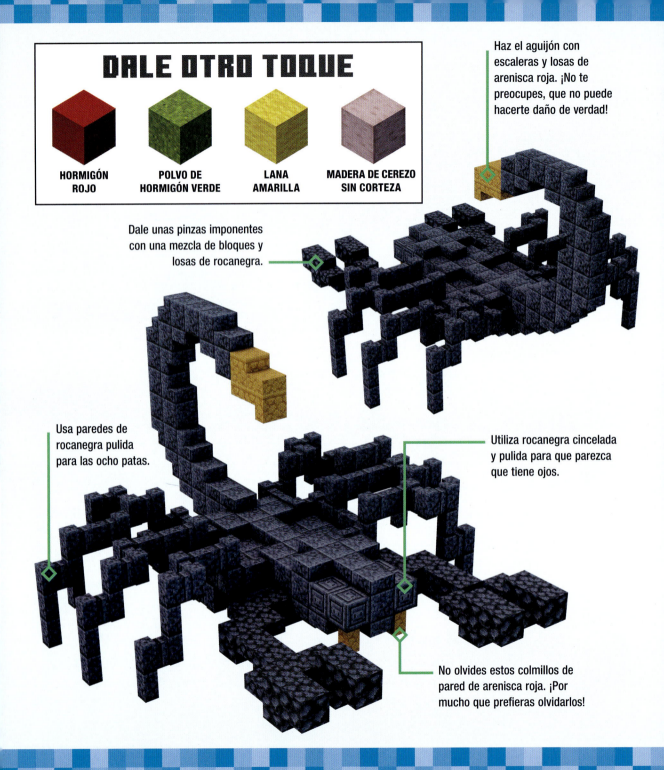

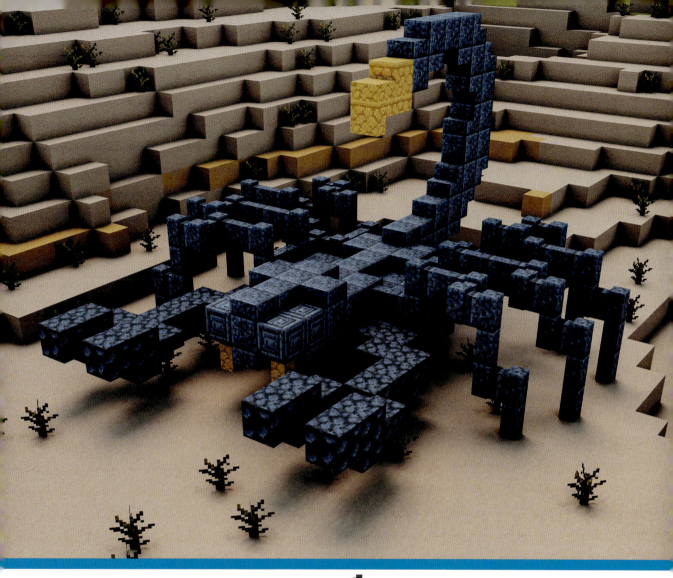

# ESCORPIÓN

En Minecraft no existen los escorpiones. Si te dan miedo los arácnidos, seguramente te parece fantástico, pero ¿por qué no te enfrentas a tus miedos y construyes esta espeluznante criatura? ¡Aunque cuidado con el aguijón!

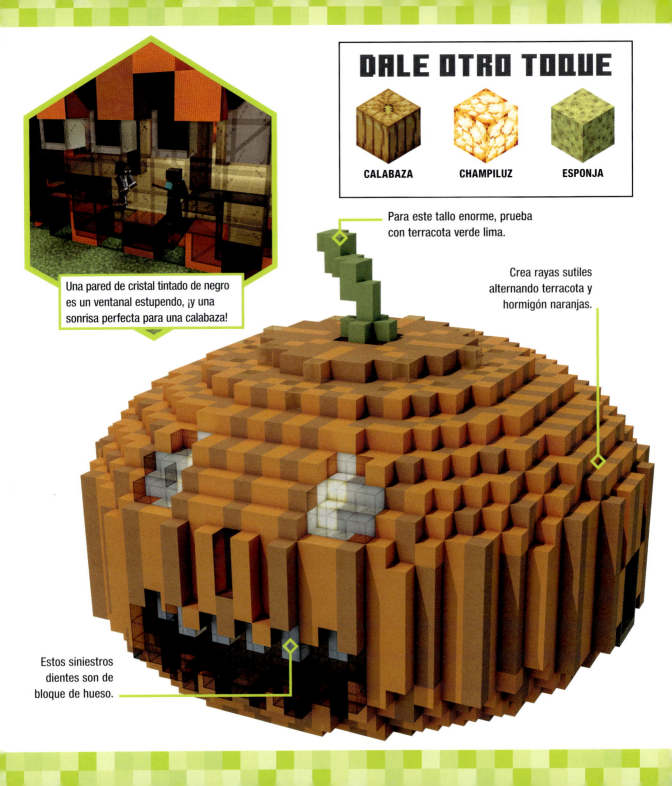

## DALE OTRO TOQUE

**CALABAZA** **CHAMPILUZ** **ESPONJA**

Una pared de cristal tintado de negro es un ventanal estupendo, ¡y una sonrisa perfecta para una calabaza!

Para este tallo enorme, prueba con terracota verde lima.

Crea rayas sutiles alternando terracota y hormigón naranjas.

Estos siniestros dientes son de bloque de hueso.

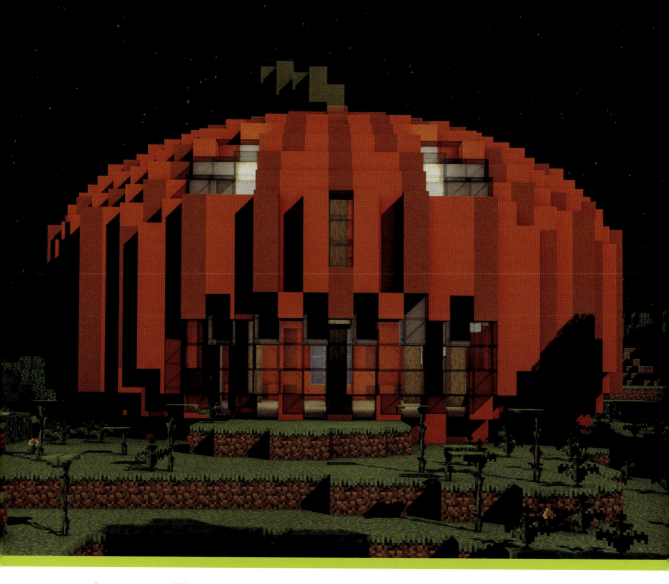

## CASA CALABAZA

Si Halloween es lo tuyo, considera mudarte a esta casa con forma de calabaza tallada. Los visitantes no deseados serán cosa del pasado: ¡nadie se atreverá a acercarse!

## DALE OTRO TOQUE

**HOJAS DE CEREZO**

**TERRACOTA ACRISTALADA VERDE**

**BLOQUE DE LIMO**

## CONSEJO

Antes de empezar la obra, lo mejor es comprobar el tamaño de la masa de agua que quieres cruzar. Si mide más de veinte bloques de ancho, tendrás que construir un puente muuuy laaaargo.

Combina losas de abedul y manglar para el tejado. Los dos colores quedan muy bien juntos.

Coloca vallas carmesí para que nadie haga una visita sorpresa a los ahogados.

Los pilares de troncos de roble sin corteza y madera de jungla le dan un toque más natural.

# PUENTE PARA JARDÍN

Pasea sobre las aguas cruzando este puentecito adorable cubierto de hojas y azaleas y rodeado de flores de colores. Hará de cualquier jardín o parque un lugar más encantador.

Coloca un soporte para pociones en el estante como decoración.

Reserva una zona para una estantería cincelada para que parezca un estante vacío.

# A OTRO NIVEL

Si te gusta leer antes de dormir, convierte la estantería en una litera añadiendo una cama. Y si te has quedado con más ganas de leer, busca el proyecto 18 de este libro para crear una increíble biblioteca.

Haz que el espacio de lectura sea más agradable añadiendo un brote de roble o cualquier otra planta.

Este práctico atril te permite leer tus libros sin sacarlos de la estantería.

Usa escotillas de abedul para crear un rincón encantador.

# HABITACIÓN PARA LECTORES

Todo ratón de biblioteca que se precie tiene una estantería abarrotada de libros en su habitación. ¡Y en Minecraft, puedes crear el ambiente perfecto para leer con velas sin riesgo de incendio!

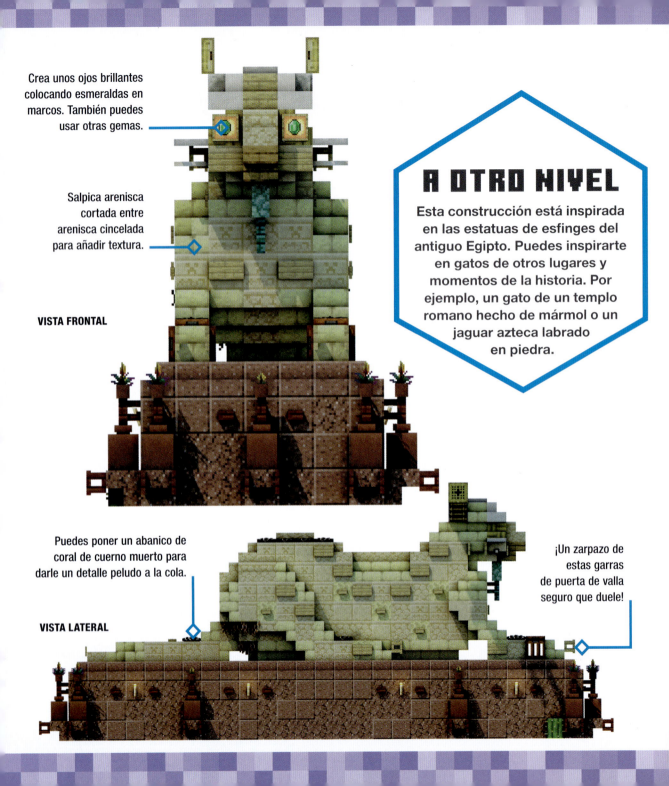

Crea unos ojos brillantes colocando esmeraldas en marcos. También puedes usar otras gemas.

Salpica arenisca cortada entre arenisca cincelada para añadir textura.

**VISTA FRONTAL**

## A OTRO NIVEL

Esta construcción está inspirada en las estatuas de esfinges del antiguo Egipto. Puedes inspirarte en gatos de otros lugares y momentos de la historia. Por ejemplo, un gato de un templo romano hecho de mármol o un jaguar azteca labrado en piedra.

Puedes poner un abanico de coral de cuerno muerto para darle un detalle peludo a la cola.

**VISTA LATERAL**

¡Un zarpazo de estas garras de puerta de valla seguro que duele!

## ESTATUA DE GATO EGIPCIO

¡Por fin! Un gato que se queda quieto y no maúlla sin descanso para pedir atún. Con esos penetrantes ojos color esmeralda y esas garras imponentes, esta estatua de estilo egipcio es un minino monumental. ¡Literalmente!

## PRUEBA CON ESTOS

**ESCALERAS DE LADRILLOS DE PIEDRA DE END**

**ESCOTILLA DE BAMBÚ**

**ESCOTILLA DE HIERRO**

El patrón del cuarzo cincelado parece un circuito, así que es una elección excelente para este proyecto.

**VISTA TRASERA**

Pon losas de rocanegra pulidas junto a la terracota amarilla. ¿Será un abejorro que se ha convertido en máquina?

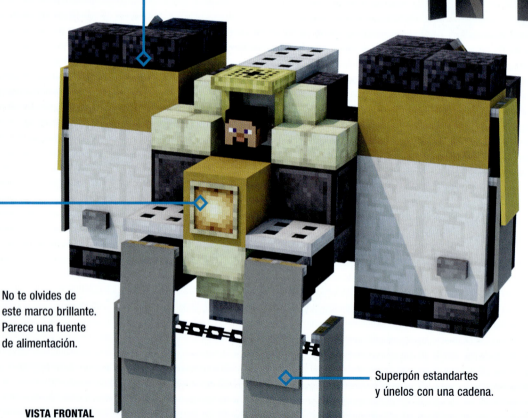

No te olvides de este marco brillante. Parece una fuente de alimentación.

**VISTA FRONTAL**

Superpón estandartes y únelos con una cadena.

# MECA AMENAZANTE

133

Esta máquina asombrosa, poderosa y peligrosa está lista para imponerse en la superficie. Construye un ejército de estas maravillas de la ingeniería y siembra el terror con una invasión robótica.

Haz una cadena con escotillas de abeto colocadas en diagonal, esquina con esquina.

Añade detalles decorativos con escotillas de manglar.

Usa terracota amarilla en los bordes para darle un brillo dorado.

El cofre está lleno de lapislázuli, oro y otros bloques preciosos. Aunque tú decides qué tesoros esperan adentro.

## DALE OTRO TOQUE

**TERRACOTA ACRISTALADA AZUL**

**ADOQUÍN**

**BLOQUE DE HUESO**

# COFRE DEL TESORO

134

¿Dónde guardas todos los tesoros que has encontrado en Minecraft? ¿Tal vez en una cueva llena de Creepers? ¡Error! Construye este enorme cofre para guardar tus bloques más preciados en una construcción que combine con su esplendor.

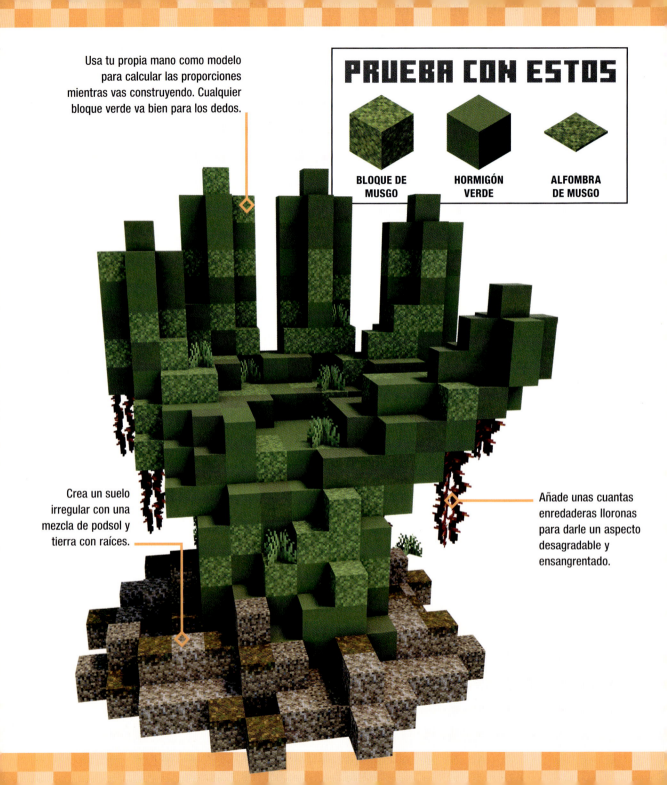

Usa tu propia mano como modelo para calcular las proporciones mientras vas construyendo. Cualquier bloque verde va bien para los dedos.

## PRUEBA CON ESTOS

**BLOQUE DE MUSGO**

**HORMIGÓN VERDE**

**ALFOMBRA DE MUSGO**

Crea un suelo irregular con una mezcla de podsol y tierra con raíces.

Añade unas cuantas enredaderas lloronas para darle un aspecto desagradable y ensangrentado.

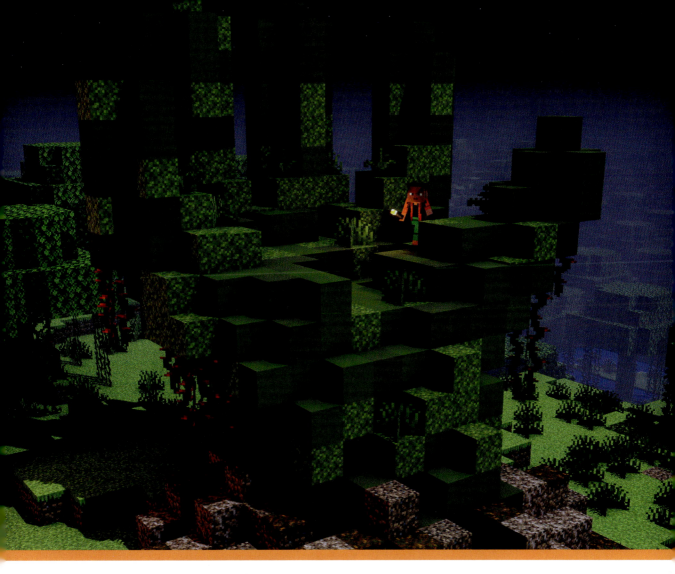

# MANO DE ZOMBI

**135**

Dales un susto a tus amigos construyendo la asquerosa mano de un zombi gigante saliendo del suelo. Cuando hayas parado de gritar, seguro que se animan a chocarle los cinco a esta manaza.

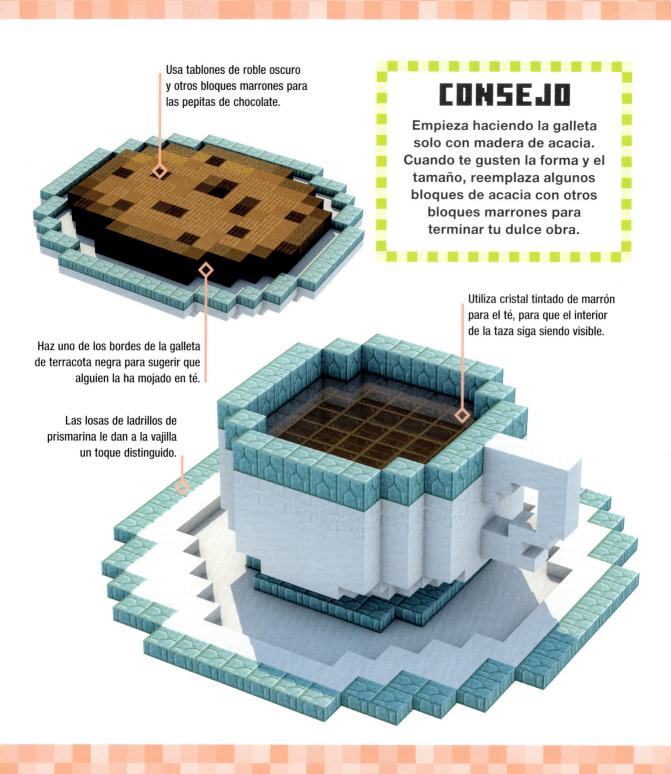

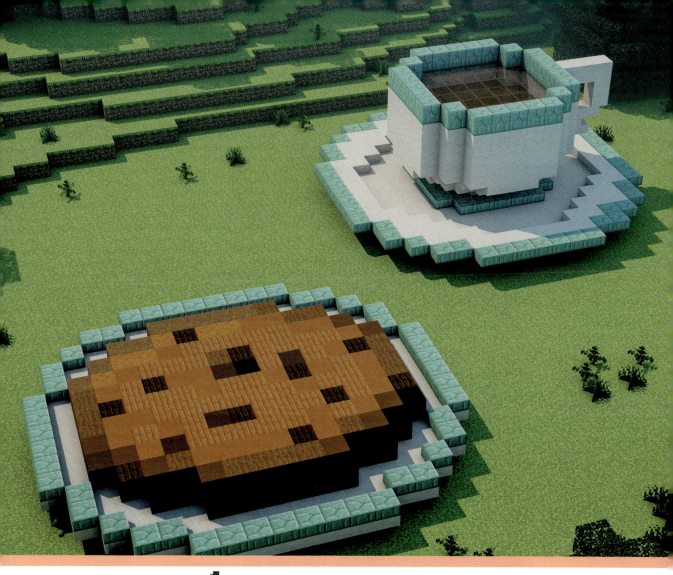

## TÉ CON GALLETAS

**136**

Con un té y una sola galleta no te duraría lleno el estómago mucho tiempo, a no ser, claro, que la taza sea ENORME y la galleta, COLOSAL. ¡Esta deliciosa construcción debe de ser la merienda de un gigante!

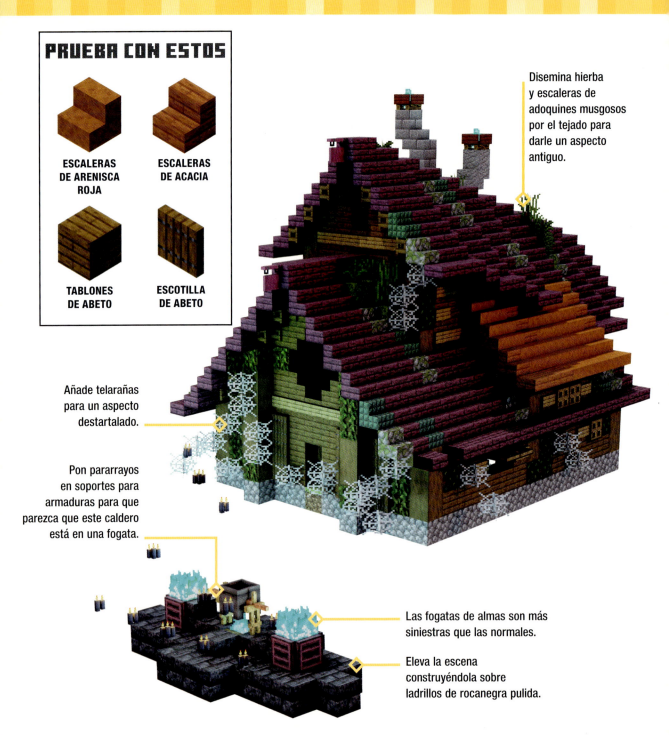

# CHOZA DE LA BRUJA

Los visitantes de tu servidor de Minecraft no se esperarán toparse con esta horripilante choza en medio del bosque. Medio en ruinas y cubierta de telarañas, es el lugar perfecto para elaborar pociones horrendas y estofados sospechosos.

## PRUEBA CON ESTOS

**BARRAS DE HIERRO**

**HOJAS DE ROBLE**

**BLOQUE DE ALGAS MARINAS SECAS**

Deja una parte plana en el tejado para que puedas pasear por él y ver tu reino desde arriba.

No olvides estas trampillas de abedul para un acabado más detallado.

Las escaleras de cuarzo sobre los pilares crean una forma elegante.

Coloca trampillas de hierro encima y debajo de las ventanas para darles un aspecto más cuidado.

Mezcla losas de piedra y andesita pulida u otros bloques de colores similares.

## MANSIÓN

¿Quieres sorprender a tus amigos con una majestuosa morada en Minecraft? Esa cueva en el pantano ya no te sirve, así que arremángate y ponte manos a la obra: ¡a construir esta señora mansión!

Construye un marco en forma de corazón con cristal tintado de rojo en la parte superior y tintado de negro en la parte inferior.

Añade la lava tras asegurarte de que no hay ningún agujero en la estructura.

Crea una piscina con cuarzo justo debajo. Si hay alguna fuga de lava, la solidificará de inmediato.

## CORAZÓN DE LAVA

139

¿Ardes en deseos de construir un corazón de lava? Esta obra puede ser peligrosa, pero sin duda será una adición incandescente a tu servidor de Minecraft. Sigue a tu corazón y acepta el desafío.

Plantar bambú le dará a esta construcción aérea todavía más altura.

Usa escotillas de acacia y fogatas para hacer una cobertura interesante (aunque ineficiente).

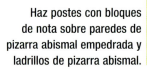

Haz postes con bloques de nota sobre paredes de pizarra abismal empedrada y ladrillos de pizarra abismal.

Conecta los pilares con varas de End, pararrayos y cadenas. ¡Seguridad asegurada!

## PRUEBA CON ESTOS

**CALABAZA**

**LADRILLOS**

**PIZARRA ABISMAL PULIDA**

**ESCALERAS DE GRANITO PULIDO**

Con una esquina más hundida que el resto crearás un rincón privado.

# HUERTO URBANO

La mayoría de los edificios están cubiertos de cosas aburridas como charcos y suciedad de pájaros. ¡No te conformes con tan poco! Construye un precioso huerto urbano para llenar de vida el cielo metropolitano.

## DALE OTRO TOQUE

**LANA NARANJA**

**POLVO DE HORMIGÓN NARANJA**

**TERRACOTA ACRISTALADA NARANJA**

Esconde la puerta todo lo que puedas. ¡El objetivo es que la gente piense que es una estatua de un zorro y no tu base!

Estas orejas están hechas con bloques de hielo azul. ¿Me has oído bien?

Oscurece ligeramente la cola haciéndola con bloques de tallo de champiñón.

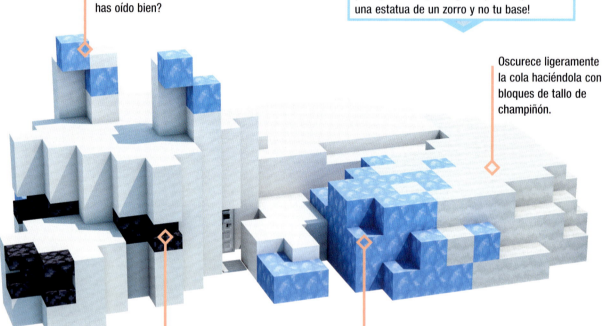

Usa escaleras de rocanegra para dar a entender que los ojos están cerrados. ¡Parecerá que tu casa duerme! ¡Oooh!

Deja algunos huecos en el hielo azul para que parezca más una cola peludita que un edificio.

# BASE ÁRTICA

141

¿Crees que ya has visto las construcciones más adorables? ¡Pues no! Este edificio con forma de zorro ártico es tan bonito que casi cuesta creer que sea una casa calentita para refugiarse en el bioma más frío de Minecraft.

**ALTAVOCES**

Los marcos con discos parecen parte de un altavoz.

## A OTRO NIVEL

Querrás disfrutar de tu nueva televisión en una habitación que vaya con ella, ¿no? Pues busca el proyecto 122 de este libro y construye una habitación de juego épica. O el proyecto 84, una casa con forma de conejo. ¡Ideal para ir saltando de canal en canal!

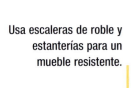

Coloca una capa de paneles de cristal tintado de negro delante de polvo de hormigón negro para hacer una televisión más realista.

Usa escaleras de roble y estanterías para un mueble resistente.

# TELEVISIÓN

No te pases el día delante de la tele. ¿Por qué no haces algo más productivo como... construir una televisión gigante en Minecraft? Seguro que no emitirá ni un solo programa que no te guste. ¡Viva!

Los ladrillos y las escaleras de inframundo rojos crean estos ojos tan escalofriantes.

## A OTRO NIVEL

Puedes poner telarañas en la entrada para hacer que esta obra dé más miedo. Luego genera bastantes arañas como toque final. ¡Pero que no te extrañe si tus amigos no quieren volver a tu servidor!

Usa pizarra abismal y basalto liso para hacer el cuerpo de la araña y estas horripilantes patas peludas.

Haz un camino con polvo de hormigón marrón y tierra para atraer a los aventureros a la entrada.

Deja muchos árboles en la zona para que esta cueva parezca una parte natural del bioma.

## CONSEJO

Para ahorrar tiempo y esfuerzo, construye la cueva en una montaña existente en Minecraft. Primero, cava la forma de la cueva. Luego construye la amenazadora entrada en forma de araña.

## GUARIDA DE LA ARAÑA

Una bañera llena de Creepers, un laberinto atestado de Enderman y un restaurante con el custodio: todos lugares más encantadores que esta terrorífica cueva con forma de araña. ¿Te atreves a construirla?

**PAN SUPERIOR**

Haz el pan de hamburguesas con madera de jungla sin corteza.

**TOMATE**

Prueba con hormigón rojo para el tomate.

**LECHUGA**

Añade cristal tintado de verde lima en los bordes para que la lechuga parezca más húmeda.

Imita las semillas de sésamo del pan diseminando botones de abeto.

**QUESO**

Si te gusta el queso, no te olvides de esta rebanada de terracota amarilla.

**HAMBURGUESA**

Simula la carne con terracota marrón. ¡O con lana negra si la quieres quemada!

**PAN INFERIOR**

# A OTRO NIVEL

Añade más ingredientes a tu hamburguesa. Y si te has quedado con hambre, haz tu propio menú con los proyectos 6 y 78 de este libro: patatas fritas gigantes y una lata de refresco.

# HAMBURGUESA

144

Si hay alguna vaca leyendo este libro, que no se ponga nerviosa. Esta hamburguesa es 100 % vegana. Y, para sorpresa de nadie, esta obra de comida rápida es rápida de construir. ¡Buen provecho!

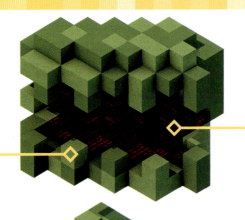

Coloca los «dientes» para que encajen con los de arriba si se cierra.

Llena la boca con escaleras de inframundo rojas para darle un aspecto voraz.

Usa sobre todo terracota verde lima para las hojas y más terracota verde para el resto de la planta.

## PRUEBA CON ESTOS

**TERRACOTA ACRISTALADA VERDE**

**CABEZA DE CREEPER**

**CAJA DE SHULKER VERDE**

**POLVO DE HORMIGÓN VERDE**

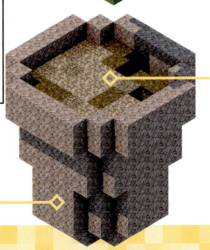

Llena la maceta de tierra, claro.

Haz la maceta con bloques de granito.

## PLANTA CARNÍVORA

**145**

¿Te diviertes pisoteando plantas mientras exploras los biomas de Minecraft? ¡Imagina qué pasaría si mordieran! Quédate con esa imagen mental y construye esta feroz planta carnívora. Pero ten cuidado: en Minecraft no hay moscas y parece que tiene hambre...

# CONSEJO

Si quieres que tu construcción dé más miedo, genera criaturas hostiles que llenen y rodeen la casa encantada. ¡Ve con cuidado si vuelves a modo Supervivencia!

Los bloques de ladrillos de inframundo y los ladrillos de inframundo rojos le dan a esta casa una apariencia teatral.

Añade pinchos amenazantes al tejado con barras de hierro.

Pon una capa de champiluces detrás de las ventanas de cristal tintado. ¡Uf! ¿Quién se atrevería a vivir aquí?

Pon telarañas donde te parezca para que la casa parezca abandonada.

# MANSIÓN ENCANTADA

Tendrás que armarte de valor para construir esta escalofriante mansión cubierta de telarañas. Aunque parece abandonada, nunca se sabe cuándo podría aparecer un monstruo. Pregúntales a tus amigos si se atreven a explorarla.

|  |  |  |  |
|---|---|---|---|
| **DIORITA PULIDA** | **PIZARRA ABISMAL PULIDA** | **ROCANEGRA PULIDA** | **TERRACOTA ACRISTALADA BLANCA** |

## CONSEJO

Crea la chimenea antes de construir el resto de la habitación. ¡Te ahorrará el tener que echar abajo paredes cuando te des cuenta de que no tenías espacio suficiente!

Los botones de jungla añaden un detalle extra.

Usa bloques de colores cálidos, como escaleras y losas de cobre cortado encerado para el hogar.

Pon cadenas con velas negras encima, para que parezcan la reja que hay frente la chimenea.

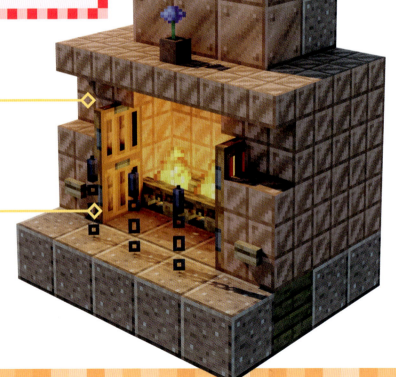

# CHIMENEA

¿Tienes frío? ¡Para construir hay que estar a gusto! Caliéntate al fuego construyéndote una chimenea como esta. Así no te resfriarás mientras piensas qué construir después.

Crea un espantapájaros con una calabaza y colócalo en el tejado.

Planta trigo en el tejado. No es el lugar más práctico para cultivar, pero queda muy bien.

Decora con más champiñones.

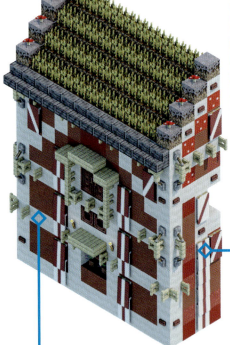

Los estandartes blancos con rayas rojas encajan bien con el resto del edificio.

Construye alféizares para las ventanas con losas de ladrillos de inframundo cubiertas con señales de manglar. Parecerán cejas.

Usa tallos de champiñón para la mayoría de las partes blancas del granero.

# GRANERO CHAMPIÑACA

Este grandioso granero está inspirado en las elusivas champiñacas rojas. ¿Habrá champiñones adentro? Bueno, si lo construyes de tres plantas, tendrás muuucho espacio para que te quepa de todo.

Haz un hocico simpático con dos escotillas de manglar.

La lengua de alfombra roja le da una apariencia divertida.

## DALE OTRO TOQUE

**LANA CIAN**

**LADRILLOS DEL INFRAMUNDO AGRIETADOS**

**HORMIGÓN ROSA**

Usa muchas hojas diferentes. ¡El monstruo lleva tanto tiempo en el pantano que le crecen plantas!

Las escaleras de diorita dejan un hueco que parece la pupila.

## MONSTRUO DEL PANTANO

149

Cuenta la leyenda que un monstruo aterrador merodea en las aguas turbias de los biomas de pantano. Pero no puede ser este... ¡Mira qué carita más adorable tiene! ¡Todos los monstruos podrían ser así de buenos!

¡Las velas apagadas parecen botellas de jarabe de fresa!

Haz la bola de helado con tus bloques rosas favoritos.

## A OTRO NIVEL

Si quieres más espacio para vender dulces, haz un vehículo más largo. ¿O un autobús de dos pisos? ¡Podrías servir helado en el primero y galletas y pastel en el segundo!

Este helado es de terracota acristalada y el cono de espeleotema.

Decora con botones de distintos colores

Para los retrovisores, usa puertas de valla deformadas.

Deja un hueco debajo de los paneles de cristal tintado. Este será el mostrador.

# CAMIÓN DE LOS HELADOS

150

Si te apetece helado, pero no tienes en casa, quítate el antojo construyendo este divertido camión de helados. Usa colores vivos y remátalo con un cono extragrande. ¡Los demás jugadores harán cola para felicitarte!

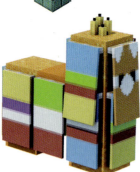

**Edición artística sénior** Anna Formanek
**Edición de proyectos** Lara Hutcheson
**Diseño gráfico** Steve Marsden, James McKeag, Lisa Sodeau, Joelle Wheelwright
**Producción editorial** Siu Yin Chan
**Dirección de producción sénior** Lloyd Robertson
**Dirección editorial** Paula Regan
**Dirección artística** Jo Connor
**Director ejecutivo** Mark Searle

**Texto** Tom Stone

**Creadores de las construcciones que inspiran este libro**
Max Briskey, Hugo Cavazza, CEa_TIde, Guillaume Dubocage, Sonja Firehart, Enzo Fischer, Frost_Beer, Jakob Grafe, Malte Honsell, Jonathize, Erik Löf, Sander Poelmans, Dominik Senfter, Ruben Six, Spritzu, Swampbaron, Jérémie Triplet.
**Ilustraciones** Swampbaron
**Gestión de proyectos de construcción en Minecraft** Christian Glücklich
**Gestión de proyectos de construcción en Minecraft adjunta** KrimsonBOI
**Realización técnica** Maximilian Schröder

**DK quiere manifestar su agradecimiento a** Jay Castello, Lauren Marklund, Kelsey Ranallo y Alex Wiltshire de Mojang por su colaboración; a Julia March por la asistencia editorial y a Catherine Saunders por la corrección.

**De la edición en español:**
**Servicios editoriales** Prisma Media Proyectos S.L.
**Traducción** Keru Gesé
**Coordinación de proyecto** Marina Alcione
**Dirección editorial** Elsa Vicente

Primera edición en Gran Bretaña en 2024
por Dorling Kindersley Limited
20 Vauxhall Bridge Road, London, SW1V 2SA

Copyright de diseño de página © 2024
Dorling Kindersley Limited
Una empresa de Penguin Random House

© 2024 Mojang AB. Todos los derechos reservados. Las siguientes son marcas registradas propiedad del grupo de empresas de Microsoft: Minecraft, el logotipo de Minecraft, el logotipo de Mojang Studios y el logotipo de Creeper.

Todos los derechos reservados.
Ninguna parte de este libro puede ser reproducida ni incorporada a un sistema informático, ni está permitida su transmisión en cualquier forma o cualquier medio, sea este electrónico, mecánico, por fotocopia, por grabación u otros medios, sin el permiso previo y por escrito del editor.

ISBN: 9798217128013

Impreso y encuadernado en China

www.dk.com

Minecraft.net

MIXTO
Papel | Apoyando la silvicultura responsable
FSC® C018179

Este libro ha sido producido con papel certificado medioambiental Forest Stewardship Council™: un pequeño paso en el compromiso de DK con un futuro sostenible
Learn more at www.dk.com/uk/information/sustainability